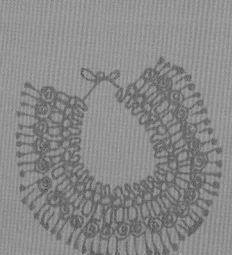

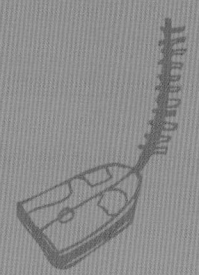

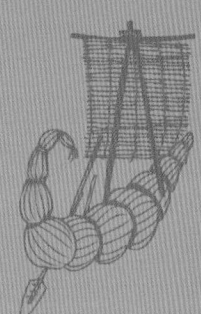

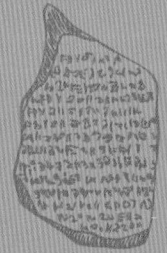

초등학생을 위한 지식습관 ⑫

고대 이집트 30
ANCIENT EGYPT

글 캐스 센커
영국의 논픽션 편집자이자, 다수의 책을 쓴 어린이책 작가이다. 글로벌 이슈, 역사, 종교, 인문지리학, 환경문제 등에 관심이 많다. 우리나라에 소개된 책으로 『세상에 대하여 우리가 더 잘 알아야 할 교양 17 프라이버시와 감시』 등이 있다.

그림 멜빈 에반스
영국 남부에 살며 일러스트레이터와 판화가로 활동하고 있다. 다양한 책과 매체에 아름다운 삽화를 그렸다. 『초등학생을 위한 지식습관01 지구 30』, 『초등학생을 위한 지식습관03 과학개념 30』 등의 책에 그림을 그렸다.

옮김 양혜진
서울에서 태어나 대학에서 국어국문학과 불어불문학을, 대학원에서 비교문학을 공부했다. 출판사에서 외국 문학 편집자로 일하다가, 지금은 다른 나라의 좋은 책을 찾아내 우리말로 옮기는 일을 한다. 그림책 『할아버지와 달』, 어린이 교양서 『한 권으로 끝내는 이야기 세계사』, 그래픽 노블 『제가 좀 별나긴 합니다만…』, 『헤이, 나 좀 봐』와 『아메리카』, 소설 『블랙 뷰티』, 『엔드 오브 맨』, 에세이 『아름다움이 우리를 구원할 때』에 이르기까지 여러 분야의 책을 우리말로 옮겼다.

감수 조한욱
서강대학교 대학원 사학과를 졸업하고 미국 텍사스 주립대학교 사학과에서 박사 학위를 받았다. 『역사와 문화』 책임편집자, 문화사학회 회장을 역임하고, 현재 한국교원대학교 역사교육과 명예교수이다. 쓴 책으로는 『문화로 보면 역사가 달라진다』, 『서양 지성과의 만남』, 『내 곁의 세계사』, 『소소한 세계사』 등이 있으며, 옮긴 책으로는 『바이마르 문화』, 『고양이 대학살』, 『문화로 본 새로운 역사』 등이 있다. 『차이나는 클라스』, 『벌거벗은 세계사』, 『내일을 여는 인문학』 등의 TV 프로그램에 출연하여 역사학 대중화를 위해 노력하고 있다.

초등학생을 위한 지식습관 ⑫

고대 이집트 30
ANCIENT EGYPT

글 캐스 센커 | 그림 멜빈 에반스 | 옮김 양혜진 | 감수 조한욱

아울북

차례

놀라운 문명을 꽃피운 고대 이집트 6

고대 이집트 사람들 8
1 부유한 문명 12
2 나일강 14
3 파라오 16
4 여자 파라오 18
5 이집트 사회 20

가정생활 22
6 생활 공간 26
7 음식과 음료수 28
8 옷 30
9 몸치장 32

직업 34
10 농사 38
11 위대한 건축가 40
12 솜씨 좋은 장인들 42
13 이집트의 서기관 44
14 상형 문자 46
15 의술 48

여가 생활과 놀이 50
- 16 놀이 시간 54
- 17 사냥과 낚시 56
- 18 노래와 춤 58

종교와 사후 세계 60
- 19 신과 여신 64
- 20 신전과 종교 생활 66
- 21 종교 축제 68
- 22 시신 보존하기 70
- 23 미라 만들기 72
- 24 피라미드 만들기 74
- 25 왕가의 계곡 76

무역과 전쟁 78
- 26 여행과 교통 82
- 27 시장 84
- 28 군인들과 무기 86
- 29 전쟁 88
- 30 이집트 문명의 멸망 90

지식 플러스
이집트의 신들 92

놀라운 문명을 꽃피운 고대 이집트

고대 이집트라고 하면 가장 먼저 떠오르는 것은 아마도 사막 한가운데 우뚝 솟아 있는 피라미드일 것입니다. 미라에 대해서도 많이 들어 봤을 것이고요.

우리가 고대 이집트에 관해 알고 있는 지식들은 모두 고고학자들 덕분에 알게 된 것들입니다. 고고학자들은 고대 이집트 사람들이 화장을 했고, 제사를 드릴 때 춤을 췄고, 사자 사냥을 좋아했고, 나일강에서 잡은 생선을 즐겨 먹었다는 사실을 발견했습니다.
그런데 고고학자들은 이런 사실들을 어떻게 알아냈을까요? 무려 5000년 전에 살았던 사람들인데 말입니다. 그것은 바로 이집트 사람들이 자신들의 흔적을 아주 많이 남겼기 때문이랍니다.

고고학자들은 고대 이집트 사람들이 어떻게 생겼는지, 어떤 옷을 입었는지, 무엇을 하며 시간을 보냈는지를 보여 주는 경이로운 그림들을 발견했습니다. 또한 이집트 사람들이 만든 조각상, 도자기, 보석 같은 공예품도 많이 발견했습니다. 게다가 고대 이집트 문자를 읽는 방법도 알아냈습니다.

고고학자들은 왕들의 무덤인 거대한 피라미드와 미라에 대해서도 많은 것을 알아냈습니다. 도굴이 되지 않은 피라미드 안에는 미라뿐만 아니라 항아리부터 정교한 보석까지 온갖 물건이 고스란히 남아 있었기 때문입니다.

이 책은 고대 이집트 사람들이 어떤 직업을 가졌었는지, 누가 힘든 일을 했고 어떤 음식을 먹었는지, 어떻게 무더위를 식혔는지, 어떤 오락을 즐겼는지에 대한 흥미로운 30가지 지식이 담겨 있습니다.
그럼, 고대 이집트 사람들을 만나 볼까요?

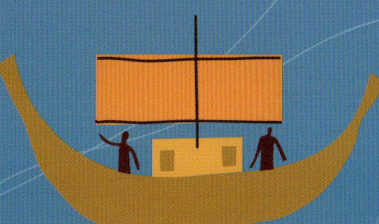

고대 이집트 사람들

기원전 5000년 무렵, 나일강 주변 사람들은 농사를 짓기 시작했습니다. 이들은 농사를 지었고, 소를 길렀습니다. 기원전 3500년 무렵 나일강 주변의 몇몇 도시들은 크게 발전했으며, 문자를 쓰기 시작했습니다. 세계에서 가장 오래되고 훌륭한 고대 문명이 시작된 것입니다.
기원전 3000년 무렵에는 메네스왕이 이집트를 하나의 왕국으로 통일하였습니다. 왕은 믿을 수 있는 신하들과 종교 지도자, 교육을 받은 서기관들의 도움을 받아 이집트를 다스렸습니다.

고대 이집트 사람들
읽기 전에 알아두기

고고학자 유적이나 땅속에서 발견된 유품을 조사해 과거의 문화를 연구하는 사람.

귀족 사회에서 아주 힘 있는 가문에 속하는 사람.

기념물 유명한 인물이나 역사적인 사건을 기억하기 위해 만든 동상이나 건축물.

리넨 아마로 만든 천. 이집트인들은 이 천으로 옷을 만들었다.

베두인족 아라비아반도 내륙부를 중심으로 시리아·북아프리카 등지의 사막에 사는 아랍 민족.

부조 어떤 장면을 돌, 나무, 그 밖의 재료 위에 새긴 것.

사막 물이 아주 적고 식물이 거의 살지 않는 넓은 땅.

서기관 글쓰기를 교육 받고 기록을 남기는 일을 하는 사람. 고대 이집트에서 나라를 운영하는데 중요한 역할을 했다.

신전 고대 이집트에서 신들을 숭배하는 데 사용된 건물.

유목민 가축을 기르며, 물과 풀을 따라 옮겨 다니면서 사는 민족.

전사 전투에서 싸우는 사람. 군인.

파라오 고대 이집트의 왕을 일컫는 호칭. 이집트 사람들은 파라오를 지상의 신이라고 믿었다. 이집트의 통치자이면서 동시에 종교 지도자였다.

피라미드 이집트의 왕인 파라오가 묻힌 거대한 무덤. 정사각형의 밑면과 꼭대기의 점에서 만나는 네 개의 삼각형 옆면으로 이뤄진다.

한눈에 보는 지식
1 부유한 문명

기원전 3000년 무렵, 고대 이집트 사람들은 아프리카 북동부의 나일강 하구에 수도를 세우고 문명을 일구었습니다. 나일강 주변의 땅은 아주 비옥하여 농사가 잘됐습니다. 수도에는 신전들이 있었고, 사람들은 진흙 벽돌집에 살면서 과일과 야채를 키워 먹었습니다. 부자들은 아주 호화로운 생활을 누렸지요.

이집트 사람들은 먼 나라 사람들과 교역을 했습니다. 기술이 뛰어난 장인들은 정교한 가구와 아름다운 도자기, 섬세한 장신구와 리넨 옷을 만들었습니다. 이집트에는 그림처럼 생긴 문자가 있었습니다. 또한 피라미드나 신전 같은 훌륭하고 아름다운 건축물을 세웠습니다. 많은 교육을 받은 서기관들은 이집트에서 일어나는 중요한 일들을 기록으로 남겼습니다.

고대 이집트는 바다와 넓은 사막으로 둘러싸여 있어서 다른 나라들의 침입을 덜 받았습니다. 이 때문에 이집트 문명이 약 3000년 동안 이어질 수 있었습니다.

한줄요약
고대 이집트 문명은 기원전 3000년경부터 번창했고, 약 3000년간 지속됐습니다.

고대 이집트 시대 구분

고대 이집트의 역사는 다섯 시기로 구분할 수 있습니다.

기원전 3000년 무렵: 메네스왕이 남쪽의 상이집트와 북쪽의 하이집트를 통일했습니다.

고왕국: 기원전 3000년경 ~ 2200년경, 피라미드가 지어졌습니다.

중왕국: 기원전 2050년 ~ 1750년경, 이집트가 누비아(오늘날의 수단)를 정복했습니다.

신왕국: 기원전 1550년경 ~ 1150년경, 이집트가 가장 막강하고 부유했던 시기입니다.

후기 왕조: 기원전 1190년경 ~ 390년경, 이집트가 쇠퇴하게 됩니다.

고대 이집트는 기원전 3000년경부터 나일강 하구를 따라 발달했던 문명이다.

나일강은 이집트 땅을 지나 지중해로 흘러간다.

이집트 사람들은 왕들을 거대한 피라미드 속에 묻었다.

농부들은 나일강 하구에서 농작물을 재배했다.

무역상들은 육로와 바닷길을 다니며 무역을 했다.

장인들이 도자기, 장신구, 리넨 등을 만들었다.

서기관들은 글로 기록을 남겼다.

한눈에 보는 지식
2 나일강

나일강의 강물은 고대 이집트 사람들에게 생명 줄이나 다름 없습니다. 이집트 사람들은 나일강에서 물고기를 잡고, 강물을 마셨으며, 그 물로 농사를 짓고 빨래를 했습니다. 나일강은 사람과 물건을 실어 나르는 중요한 교통로이기도 했습니다. 나일강이 없었더라면 고대 이집트 문명은 발달할 수 없었을 것입니다.

이집트 사람들은 나일강 주변을 '검은 땅'이라고 불렀습니다. 나일강은 해마다 여름이면 강물이 땅으로 넘쳐 흘렀는데, 그때마다 검은 진흙이 강 주변의 땅을 덮었기 때문입니다. 검은 진흙은 농토를 비옥하게 만들어 주었습니다. 검은 땅 너머에는 '붉은 땅'이라고 부르는 모래 사막이 펼쳐져 있습니다. 붉은 땅에서는 유목민인 베두인족이 뜨거운 햇빛을 견디며 생활했습니다.

나일 강 지역에는 세 계절이 있습니다.

홍수기: 강이 땅으로 흘러 넘칠 때는 농사를 지을 수 없습니다. 이 시기에 이집트에서는 피라미드 같은 거대한 건축물을 지었습니다.

경작기: 홍수가 지나가고 물이 빠지면, 경작기가 시작됩니다. 경작기에 농부들은 씨를 뿌렸습니다.

수확기: 농부들이 곡물을 거둬들이는 시기입니다. 농부들은 추수가 끝나면 곡식 일부를 세금으로 바쳤습니다. 어느 해에는 메뚜기 떼가 곡물을 거의 다 먹어 치우기도 했습니다. 그래도 세금은 내야만 했습니다.

흙을 움직이는 홍수

준비물 종이, 테두리가 있는 쟁반, 찰흙

만드는 방법
① 폭이 2.5cm이고 쟁반 길이만큼 긴 강을 그리고, 강 상류 부분에 흘러드는 개울을 그리세요.
② 강 그림을 바탕으로 쟁반에 찰흙 모형을 만듭니다. 강가의 땅에 2.5cm 두께로 찰흙을 붙이세요.
③ 강에 물을 붓고, 쟁반을 한쪽으로 기울여 보세요.
④ 물을 더 많이 부어 보세요.
⋯ 물줄기가 어떤 모양으로 흐르나요?

한줄요약
나일강 덕분에 고대 이집트 문명이 발달했습니다.

한눈에 보는 지식
3 파라오

고대 이집트에서는 왕을 '파라오'라고 불렀습니다. 파라오는 거대한 궁전에서 호화롭게 살았습니다. 파라오들은 백성들이 잘 살 수 있도록 힘썼고, 나라는 거의 평화로웠습니다. 백성들은 파라오를 '작은 신'이라고 여기며 따랐지요.

첫 번째 파라오는 메네스였습니다. 메네스는 상이집트와 하이집트를 통일하고, 나일강 하류에 있는 멤피스를 수도로 삼았습니다. 이때가 기원전 3000년 무렵입니다. 멤피스에는 고대 이집트 유적이 지금도 남아 있습니다.

기원전 2600년 무렵, 파라오 조세르는 이집트 최초의 피라미드를 건설했습니다. 이 피라미드는 계단처럼 생긴 계단 피라미드로, 여섯 단으로 이뤄져 있으며 높이는 약 62m입니다. 계단 피라미드는 처음으로 이집트에 세워진 중요한 석조 건축물이랍니다.

파라오 쿠푸는 기원전 2589년 무렵에 거대한 피라미드를 건설했습니다. 쿠푸의 피라미드는 기자에 있는데, '대 피라미드'라고도 부릅니다. 기원전 1200년 무렵 이집트를 다스렸던 파라오 람세스 대왕은 전사로도 유명했습니다. 그는 이집트의 영토를 넓히고, 수많은 건축물과 기념비를 세웠습니다.

세계에서 가장 유명한 파라오, 투탕카멘

파라오 투탕카멘은 어린 나이에 파라오가 되었고, 18세의 젊은 나이에 죽었기 때문에 업적도 많지 않습니다. 그렇지만 도굴되지 않은 그의 무덤이 발견된 덕분에 세계에서 가장 널리 알려진 파라오가 됐습니다.
그의 무덤은 고고학자 하워드 카터가 1922년 '왕들의 계곡'에서 발견했습니다. 무덤 안에서는 황금 가면을 쓴 파라오 투탕카멘의 미라와 함께 장신구, 무기, 가구, 옷이 훼손되지 않은 채 있었습니다. 이 발견 덕분에 이집트 파라오가 얼마나 부유하고 화려하게 생활했는지 알게 됐습니다.

한줄요약
고대 이집트에서는 왕을 '파라오'라고 불렀으며, '작은 신'으로 여겼습니다.

수천 년 전, 이집트는
강력한 왕 파라오가 다스렸다.

이집트의 첫 번째 파라오 메네스는 상이집트와 하이집트를 통일하고,
고대 문명 가운데 가장 큰 도시인 멤피스를 세웠다.

파라오 메네스는
상이집트와 하이집트를
통일했다.

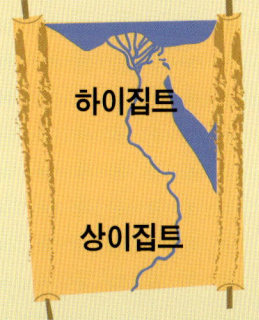

하이집트

상이집트

기원전 3000년 무렵

파라오 조세르는 최초의 피라미드인
계단 피라미드를 건설했다.

기원전 2600년 무렵

파라오 쿠푸는 기자의
'대 피라미드'를 건설했다.

기원전 2589년

파라오 람세스는 군대를 이끌고 전쟁터에 나가,
빼앗겼던 이집트의 영토를 되찾았다.

기원전 1300년 무렵

한눈에 보는 지식
4 여자 파라오

고대 이집트에서는 여자도 높은 자리에 오를 수 있었을 뿐만 아니라 파라오도 될 수 있었습니다. 이집트 최초의 여자 파라오는 소베크네페루입니다. 그녀는 정확하지는 않지만 대략 기원전 1790년경에 파라오가 되어 4년 가까이 이집트를 다스렸습니다.

기원전 1503년에 투트모세의 딸, 핫셉수트가 파라오가 됐습니다. 처음에 핫셉수트는 나이 어린 투트모세 3세를 대신해서 이집트를 다스렸으나, 몇 년 뒤에 스스로 파라오 자리에 올랐습니다.

핫셉수트는 남자 파라오처럼 옷을 입고, 가짜 수염을 달았습니다. 그녀는 22년간 이집트를 훌륭하게 통치했습니다. 테베 근처에 아주 아름다운 신전을 지었는데, 신전에는 파라오 핫셉수트가 나라를 다스리던 시기에 일어난 주요한 사건들이 새겨져 있습니다.

클레오파트라는 고대 이집트의 마지막 파라오입니다. 기원전 51년에 클레오파트라는 동생인 프톨레마이오스 13세와 결혼하여 이집트를 함께 통치했습니다. 하지만 곧 동생에게 쫓겨났습니다. 그녀는 당시 고대 로마의 최고 실력자인 카이사르의 도움을 받아 동생을 쫓아내고 다시 파라오가 될 수 있었습니다.

한줄요약
고대 이집트에는 여자 파라오가 여러 명 있었습니다.

고대 이집트의 여성들

고대 이집트는 남자와 여자가 하는 일이 정해져 있었습니다. 하지만 이집트 여자들은 그 시대의 어느 나라 여자보다 많은 권리를 가지고 있었습니다. 이집트 여자들은 사유 재산을 가질 수 있었고, 무역상이 될 수 있었습니다. 부유한 여자 귀족은 집에 머물며 남자 하인들을 거느리고 엄청난 규모의 집안살림을 꾸렸습니다.

대부분의 파라오는 남자였지만,
이집트를 잘 통치한 여자 파라오도 몇 명 있었다.

핫셉수트는 아버지인 투트모세가 자신이 파라오가 되기를 바랐을 거라고 믿었다.

핫셉수트는 파라오의 권위를 보여 주려고 파라오를 상징하는 머리 장식을 하고 가짜 수염을 달았다.

파라오 핫셉수트가 다스리는 동안 이집트는 평화와 번영을 누렸다. 그녀가 남긴 가장 위대한 기념물은 핫셉수트의 장례를 위해 세워진 '다이르 알바흐리'이다.

여자 파라오 명예의 전당

소베크네페루
재위 기간
기원전 1799년(?)~1795년경

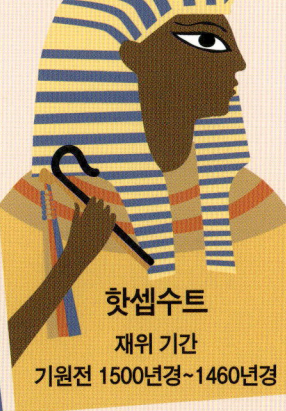

핫셉수트
재위 기간
기원전 1500년경~1460년경

타우세르트
재위 기간
기원전 1188년(?)~1186년(?)

클레오파트라
재위 기간
기원전 51년~30년

한눈에 보는 지식
5 이집트 사회

고대 이집트 사회 구조는 피라미드 모양이었습니다. 꼭대기에는 파라오, 가장 아래에는 수많은 노동자와 노예들이 자리했습니다.

파라오 바로 아래에는 귀족, 신전의 일을 맡아보는 제사장, 서기관 등이 있었습니다. 파라오는 '재상'을 비롯한 고위 관료의 도움을 받아 나라를 다스렸습니다. 재상 밑에는 지방을 다스리는 통치자들이 따로 있었습니다. 이들은 모두 귀족이었습니다.

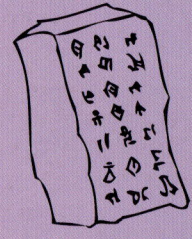

파라오는 종교 지도자이기도 했습니다. 하지만 신전에서 직접 제사를 지내고 축제를 준비하는 사람은 제사장들이었습니다. 또한 제사장들은 파라오에게 나랏일에 대해서 조언하기도 했습니다.

문자를 기록하는 서기관들도 귀족이었습니다. 이집트 문자는 배우기가 매우 어렵기 때문에 오랫동안 공부한 뒤에 관공서에서 일했습니다. 박식한 서기관들은 막강한 권력을 가지고 있었습니다.

귀족, 제사장, 서기관 아래에는 건축가와 장인이 있었습니다. 이들 가운데 일부는 귀족이 됐습니다. 그 밑에는 상인, 가게 주인, 농부가 있었고, 그 아래 계급의 노동자들은 돌을 나르거나 광산에서 땅을 파는 힘들고 위험한 일을 했습니다. 이들은 나라에 세금을 바쳐야 했습니다.

한줄요약
이집트의 사회 구조는 피라미드 모양으로, 귀족, 제사장, 서기관 등의 교육받은 사람들이 통치했습니다.

이집트에서 일자리를 구해 보자!
고대 이집트에는 신전을 책임지는 제사장, 중요한 사실들을 기록하는 서기관, 솜씨 좋은 장인 등의 직업이 있었습니다. 여러분이 고대 이집트에서 살고 있다면 어떤 직업을 갖고 싶나요?
여러분이 일자리를 찾고 있다고 상상해 보세요. 그런 다음 자신이 가진 능력이나 기술을 소개하면서, 그 일에 자신이 딱 맞는 사람이라는 것을 설명해 보세요.

꼭대기 자리에 있는 파라오부터 밑바닥에 있는 노동자까지 모든 사람이 각자의 신분과 역할이 있었다.

- 파라오
- 제사장, 귀족, 서기관
- 장인, 건축가
- 상인, 농부
- 노동자, 노예

가정생활

고고학자들은 부유한 이집트 사람의 무덤에서 살림 도구, 음식, 옷, 가구를 발견해 많은 정보를 알아냈습니다.

부유한 이집트 사람들은 크고 호화로운 집에서 살면서 맛있는 음식을 먹고 살았습니다. 리넨으로 된 시원한 옷을 입었고, 화장을 즐겨하고 장신구로 치장했습니다.

가정생활
읽기 전에 알아두기

로브 길고 헐렁한 겉옷.

로인클로스 고대 이집트에서 남자들이 허리 주위에 두르던 천.

리넨 아마로 만든 천. 이집트인들은 이 천으로 옷을 만들어 입었다.

망토 소매가 없고 목 부분에서 여며서 입는 겉옷. 어깨에서 헐렁하게 늘어진다.

밀랍 벌들이 집을 만들 때 쓰는 물질. 단단하지만, 열을 가하면 말랑해진다.

발찌 팔찌처럼 발목에 두르는 장신구.

샌들 나무, 가죽, 비닐 따위로 바닥을 만든 후, 가느다란 끈으로 발등에 매어 신게 만든 신발.

스툴 등받이와 팔걸이가 없는 서양식 작은 의자.

심지 리넨이나 천연 섬유를 길게 꼰 것. 고대 이집트에서는 기름 그릇 한가운데 심지를 놓고 불을 붙여 작은 불꽃을 만들었다.

아카시아 향기가 강하고 흰색의 꽃이 피며, 꽃에서 꿀을 채취한다.

연꽃 호수 표면에서 자라는, 흰색이나 분홍색 꽃이 피는 식물. 아프리카와 아시아 지역에서 자란다.

전갈 집게발이 달린 앞다리 외에도 4쌍의 다리를 가진 동물. 뾰족한 꼬리 끝에는 독이 나오는 침을 가지고 있다. 주로 곤충이나 거미를 잡아 먹는다.

절임 음식을 더 오래 보존하기 위해 식초나 소금물에 담가 저장하는 방법.

킬트 천에 주름이 잡힌 짧은 치마.

튜닉 몸을 무릎까지 통으로 가리는 헐렁한 옷. 보통 소매가 없다.

헤나 머리카락과 피부에 색을 물들이는 붉은 갈색의 염료.

훈제 음식, 특히 고기와 생선을 저장하는 방법. 나무 같은 물질을 태울 때 나오는 연기를 이용해 음식을 오래 보관할 수 있다.

한눈에 보는 지식
6 생활 공간

이집트 지역은 거의 언제나 지글지글 타는 듯이 덥습니다. 그래서 이집트 사람들은 뜨거운 열기가 집 안으로 들어오지 못하도록 높은 곳에 작은 창문을 만들었습니다. 또한 집의 외벽을 하얗게 칠해서 햇빛이 반사되도록 했습니다. 비가 많이 내려 홍수가 날 때를 대비해서 땅을 쌓고 그 위에 높은 집을 지었습니다.

부유한 사람들은 가구가 잘 갖춰진 방이 여러 개 있는 큰 집에서 살았습니다. 정원에는 무화과나무와 아카시아를 심어서 그늘을 만들었고, 마당 한가운데 연못을 만들었습니다. 연못에서 물고기를 키우고, 연꽃을 기르며 휴식을 취했습니다.

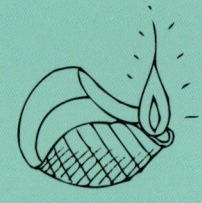

대부분의 이집트인들은 아마도 침대, 의자, 나무를 깎아서 만든 탁자 등의 간단한 가구를 가지고 있었을 것입니다. 옷은 상자나 바구니에 보관했지요.

고대 이집트 사람들은 날이 어두워지면 기름 그릇의 심지에 불을 붙여 어둠을 쫓았습니다. 하지만 불을 밝혀도 그리 밝지는 않았기 때문에 해가 저물면 일찌감치 잠자리에 들었습니다. 그들은 나무 틀에 갈대를 엮어 만든 침대에서 잤습니다. 베개는 단단한 돌이나 나무로 만들었는데, 그다지 편하지는 않았을 거예요.

한줄요약
부유한 사람들은 정원의 연못에서 휴식을 했습니다.

실내 장식
부유한 이집트 사람들은 집 안을 아름답게 꾸미기를 좋아했습니다. 그들은 벽과 바닥에 예쁜 문양을 넣거나 새를 비롯한 동식물을 그리기도 했습니다. 벽에는 장식품을 걸었고, 바닥에는 화려하게 타일을 박기도 했습니다.
파라오들은 적의 모습을 바닥에 그려, 지나다니면서 밟고 다니기도 했답니다.

한눈에 보는 지식
7 음식과 음료수

고대 이집트 사람들의 주식은 빵과 맥주였습니다. 여기에 싱싱한 과일, 채소, 생선을 곁들여서 건강한 식사를 했지요. 또한 음식을 오래 보관하려고 말리거나 훈제하거나 소금이나 식초에 절이기도 했습니다.

이집트 사람들은 세계 최초로 효모를 넣은 빵을 만들어 먹었습니다. 효모를 넣어야 빵이 부풀어 오르고 부드러워집니다. 하지만 안타깝게도 밀을 빻거나 갈 때 밀가루에 돌가루가 섞여 들어갔기 때문에 그다지 맛은 없었습니다. 빵이 어찌나 거칠고 모래투성이였던지 사람들의 이가 닳을 정도였답니다!

이집트 사람들은 주로 물 대신 맥주를 마셨습니다. 나일강이 늘 더러운 흙탕물이었기 때문이지요. 맥주를 만들어 마시면 맛도 좋아질 뿐만 아니라 세균도 없애 주었으니까요. 하지만 맥주를 마실 때도 으깬 보리 알갱이가 목구멍에 걸리지 않도록 대롱으로 빨아 마셔야 했습니다.

고대 이집트의 부자들은 온갖 종류의 맛있는 음식을 실컷 먹으며 살았습니다. 소고기, 양고기, 돼지고기부터 타조, 영양, 펠리컨의 고기까지 다양한 종류의 고기를 먹었습니다. 또한 달콤한 꿀로 만든 후식을 즐겨 먹기도 했습니다. 저녁 식사 후에는 시리아와 팔레스타인에서 들여온 값비싼 포도주로 입가심을 했답니다.

한줄요약
고대 이집트 사람들의 주식은 빵과 맥주였습니다.

이집트식 후식 만들기

준비물 씨를 뺀 대추야자, 조각 낸 호두, 꿀 2큰술, 시나몬 가루 조금, 아몬드 가루

만드는 방법
① 그릇에 꿀과 시나몬 가루를 넣고 섞습니다.
② 대추야자의 속을 호두 조각으로 채우세요.
③ 대추야자를 시나몬 꿀에 담갔다가 꺼내어, 아몬드 가루에 넣고 굴리세요.

고대 이집트 사람들은 빵을 주식으로 먹었다.
고대 이집트의 빵 만드는 방법을 알아보자.

1. 곡물을 가루로 만든다.

2. 곡물에 물과 효모를 섞어서 반죽한다.

3. 곡물의 반죽을 떼어 내 덩어리로 빚는다.
때로는 동물 모양의 반죽도 빚는다.

4. 반죽 덩어리를 오븐에 넣고 굽는다.

5. 따끈따끈하게 구운 빵 완성!

애석하게도 빵은 모래투성이라
씹기가 힘들었다!

한눈에 보는 지식
8 옷

고대 이집트 사람들은 거의 옷을 입지 않았습니다. 특히 노동자들은 더러워진 옷을 빨아서 입는 것보다는 차라리 알몸으로 일하는 것이 더 편하다고 여겼지요. 어린아이들은 여섯 살 정도까지는 알몸으로 돌아다녔습니다. 옷을 안 입으면 놀고 난 뒤에도 몸을 씻기도 편하고, 옷을 빨 필요도 없었으니까요.

고대 이집트 사람들은 건조하고 더운 날씨 때문에 얇고 헐렁한 옷을 입었습니다. 부유한 남자들은 킬트라고 부르는 짧은 치마, 튜닉이라고 부르는 소매 없는 웃옷, 로브라고 부르는 길고 헐렁한 옷을 입었습니다. 날이 쌀쌀할 때면 그 위에 망토를 걸쳤습니다. 남자 노동자들은 로인클로스라고 부르는 천을 허리에 두르고 다녔습니다. 여자들은 어깨끈이 하나 혹은 두 개가 달린 긴 드레스를 입었습니다. 남자와 여자 모두 속옷은 입지 않았습니다.

이집트 사람들은 아마로 짠 리넨으로 옷을 지어 입었습니다. 부유한 사람들은 촘촘하게 짠 부드러운 리넨으로 만든 옷을 입었고, 가난한 사람들은 값싸고 거친 리넨으로 만든 옷을 입었습니다. 값싼 리넨 옷을 입으면 분명히 피부에 닿는 부분이 거칠었을 것입니다.

이집트 사람들의 옷은 입는 법도 단순했습니다. 옷감으로 몸을 감싼 다음 묶거나 허리띠를 둘러서 옷을 만들었지요. 부자 중에는 주름 장식이 있는 옷을 입은 사람들도 있었지만, 그들이 어떻게 주름을 잡았는지는 아무도 모릅니다.

한줄요약
고대 이집트 사람들은 리넨으로 만든 간단하고 시원한 옷을 입었습니다.

이집트 샌들 만들기
고대 이집트 사람들은 늘 맨발로 지냈습니다. 그들은 특별한 행사가 있을 때나 뱀이나 전갈로부터 발을 보호해야 할 때만 샌들을 신었습니다. 책이나 인터넷에서 고대 이집트 사람들이 신었던 샌들은 어떤 재료로 만들어졌는지 조사해 봅시다.
오늘날 이집트 때와 비슷한 샌들을 만든다면 어떤 재료들을 사용할 수 있을까요?

한눈에 보는 지식
9 몸치장

고대 이집트 부자들은 잘 차려입고 파티하기를 좋아했습니다. 파티에서는 가장 좋은 리넨으로 만든 하얀 드레스나 튜닉을 입었지요. 질이 좋은 리넨은 살이 비칠 정도로 얇았습니다. 그들은 옷에 화사한 색깔의 구슬을 박은 목깃을 달아 멋을 냈습니다. 그리고 예쁜 장신구로 한껏 치장을 했답니다.

남자와 여자 모두 반지, 팔찌, 발찌, 귀걸이를 했습니다. 요즘 사람들처럼 귓불을 뚫고서 못처럼 생긴 귀걸이를 했습니다. 부자들은 금 장신구를 가지고 있었고, 보통 사람들은 '파이앙스'라고 불리는 도자기로 만든 가짜 장신구를 착용했습니다.

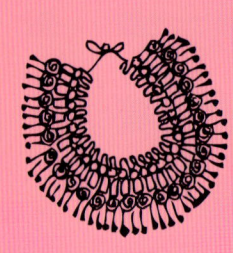

부유한 사람들은 짙은 화장을 했습니다. 특히 눈가를 '콜'이라고 부르는 검은색 먹으로 칠하는 화장이 인기가 있었습니다. 눈 화장은 눈을 아름답게 보이게 하려는 목적도 있었지만 이집트의 강렬한 햇볕 때문에 생기는 눈부심을 줄여 주고, 질병으로부터 눈을 보호하는 목적도 있었습니다. 이뿐만 아니라 색조 화장품으로 뺨과 입술을 붉게 칠했습니다.

파티에 갈 때는 반드시 가발을 썼습니다. 당시에는 머릿니가 골칫거리였기 때문에 거의 대부분의 사람들은 머리카락을 밀거나 아주 짧게 잘랐습니다. 옷을 차려입을 때면 그들은 실제 사람의 머리카락으로 만든 가발을 머리에 쓰고는, 달콤한 향기가 나는 밀랍으로 고정했습니다. 시간이 지날수록 밀랍이 가발에서 녹아내려 기분 좋은 향이 퍼졌답니다.

한줄요약
부유한 사람들은 가발, 장신구, 화장으로 몸치장을 했습니다.

파티용 목깃 만들기
파라오가 궁전에서 열리는 파티에 여러분을 초대했다고 상상해 보세요. 먼저 어떤 옷을 입을지 정해 봅시다. 그런 다음 옷차림에 어울리는 근사한 목깃을 디자인해 봅시다. 빳빳한 마분지를 이용할 수도 있고, 물감, 색깔 빨대, 반짝거리는 동그란 금속 조각 등으로 꾸밀 수도 있습니다.

직업

고대 이집트 사람들은 다양한 일을 했습니다. 농부들은 땅을 갈아 농사를 짓고, 가축을 키웠습니다. 장인들은 조각상, 도자기, 샌들, 장신구를 만들었습니다. 건축가들은 소박한 집도 짓고, 웅장한 건축물도 지었습니다.
어떤 사람은 부유한 사람들의 노예로 일했고, 어떤 사람은 힘든 일을 하는 노동자로 일했습니다.
이집트에서 아주 좋은 직업으로는 서기관을 꼽을 수 있는데, 그들은 나라의 행정을 돕기도 했습니다.

직업
읽기 전에 알아두기

견습생 일정 기간 동안 직업에 필요한 기술을 배우기 위해 숙련된 노동자 밑에서 일하는 젊은이.

공예품 손으로 만든 물건. 실용적이면서 예술적 가치가 있게 만든 것.

관리 정부에 직책을 갖고 있어서 사람들에게 할 일을 명령할 수 있는 사람.

기후 지역에서 나타나는 일반적인 날씨.

리넨 아마로 만든 천. 이집트 사람들은 이 천으로 옷을 만들었다.

마사지 통증을 줄이기 위해 사람의 몸을 문지르거나 누르는 것.

묘 커다란 무덤. 특히 땅 위나 아래에 돌을 두고 쌓은 무덤.

민용 문자 필기체로 된 이집트 신성 문자. 신관 문자에 글자들이 결합된 이집트 후기 형태의 문자.

방아두레박 지렛대를 사용해서 물을 푸는 두레박. 농작물에 줄 물을 운하에서 길어 올리는 데 쓰였다.

사막 물이 아주 적고 식물이 거의 살지 않는 넓은 땅.

상형 문자 고대 이집트의 문자 체계에서 사물의 그림이나 상징으로 단어나 소리를 나타내는 문자.

서기관 고대 이집트에서 글쓰기를 교육 받고 나라를 운영하는 데 도움을 준 사람.

수로 고대 이집트에서, 밭에 물을 대기 위해 땅을 파서 물을 채웠던 길고 곧은 통로.

신관 문자 상형 문자를 빠르게 쓸 수 있는 글쓰기 형태.

채굴 금이나 철과 같은 광물을 찾기 위해 땅밑을 파는 것.

채석장 사람들이 사용할 돌을 땅에서 대량으로 파내는 장소.

파피루스 식물인 파피루스의 줄기로 만든 종이. 고대 이집트에서는 파피루스에 그림을 그리고 글을 썼다.

피라미드 이집트의 파라오가 묻힌 거대한 묘. 정사각형의 밑면과 꼭대기의 점에서 만나는 네 개의 삼각형 옆면으로 이뤄진다.

항생제 박테리아(세균)의 증식을 막고 병을 치료하는 물질.

회반죽 표면을 매끄럽고 단단하게 만들기 위해 벽과 천장에 바르는 물질.

한눈에 보는 지식
10 농사

대부분의 고대 이집트 사람들은 농부였습니다. 이들은 나일강 주변의 비옥한 땅에서 농작물을 길렀습니다. 리넨 천을 짜기 위한 '아마'도 길렀습니다.

농부들은 농경지에 주로 양파, 마늘, 양배추, 콩 등을 재배했습니다. 더운 기후에서 잘 자라는 멜론, 대추야자, 석류 같은 과일도 키웠지요. 또 소, 돼지, 양 같은 가축을 키워 고기를 얻었으며, 거위를 키워서 알을 얻었습니다.

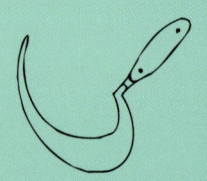

고대 이집트 농부들은 낫, 쟁기, 호미 같은 농기구로 농사를 지었습니다. 호미로 잡초를 뽑고, 낫으로 곡물을 베고, 쟁기로 흙을 갈았습니다. 농사에 필요한 물을 얻기 위해 방아두레박으로 수로에서 물을 길어 올렸는데, 두레박을 수로의 물속에 떨어뜨리고 무거운 추를 아래로 끌어당겼습니다. 그러면 물이 가득 찬 두레박을 쉽게 길어올릴 수 있었습니다. 지렛대의 원리를 이용한 것이지요.

한줄요약
고대 이집트의 농부들은 곡물, 채소, 과일 등을 재배하고, 가축을 키웠습니다.

방아두레박 만들기

준비물 길이 20cm짜리 가느다란 막대기 4개, 점토, 실이나 줄, 종이컵

만드는 방법

① 막대기 3개의 한쪽 끝에 작은 점토 덩어리를 붙입니다.

② 막대기 3개의 꼭대기를 모아서 점토로 붙여 고정하고, 뾰족한 천막 모양으로 세우세요.

③ 나머지 막대기의 한쪽 끝에는 실을 묶고 종이컵을 붙입니다. 이 종이컵이 두레박의 역할을 합니다.

④ 다른 쪽 끝에는 공 모양의 점토 덩어리를 꾹 눌러 붙이세요. 이 점토 덩어리가 균형추 역할을 합니다.

⑤ 점토공은 손에 든 채, 막대기가 천막의 꼭대기에서 균형을 이루도록 올려놓습니다.

농부들은 농작물을 키우고,
가축을 기르고, 밭에 물을 댔다.

황소는 경작기에 밭을 갈았고, 추수 때는 작물을 꾹꾹 밟아 낟알을 털어 냈다.

농부들은 1년에 한 번 밀과 보리의 씨앗을 뿌렸다. 채소는 1년 내내 키웠다.

농부들은 방아두레박으로 물을 길어 올려서 농작물에 물을 주었다.

대추야자 나무를 키우고, 석류 같은 과일도 재배했다.

수확기가 되면 농부들은 낫으로 곡식을 베었는데, 아주 고된 일이었다.

곡식은 서늘하고 건조한 곡물 창고에 저장했다.

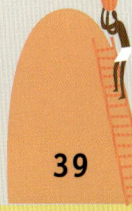

한눈에 보는 지식
11 위대한 건축가

고대 이집트 사람들은 위대한 건축가였습니다. 사막 한가운데 우뚝 솟은 피라미드를 건축했지요. 피라미드는 짓는 데 여러 해가 걸렸고, 수천 명의 사람이 필요했습니다.

<u>다행히 피라미드를 지을 사람은 부족하지 않았습니다. 나일강이 범람한 동안에는 농부들이 농사 일을 할 수 없었기 때문입니다. 그래서 파라오들은 해마다 농사를 짓지 않는 시기에, 수천 명의 농부를 건축물을 세우는 데 동원할 수 있었습니다.</u>

중요한 건축물은 돌로 지었지만 일반 사람들이 사는 대부분의 집은 진흙 벽돌로 지었습니다. 진흙은 나일강에서 손쉽게 구할 수 있었으니까요. 진흙 벽돌은 재빨리 찍어 낼 수 있었고, 집을 허물어도 한번 집을 지었던 벽돌을 다시 사용할 수 있었습니다.

또한 고대 이집트 사람들은 사막에서 금, 구리, 철 같은 귀한 금속을 발견하고 캐내는 일도 했습니다.

한줄요약
고대 이집트에서 중요한 건축물은 돌로 지었습니다.

미니 진흙 벽돌
준비물 진흙 한 컵, 물 반 컵, 큰 그릇, 얼음 틀
만드는 방법
① 그릇에 진흙을 넣고, 물을 부은 뒤 섞습니다.
② 얼음 틀에 그 진흙을 넣고, 각 칸을 엄지손가락으로 꾹꾹 눌러 주세요.
③ 따뜻한 곳에 두고 밤새 진흙을 말립니다.
④ 얼음 틀을 뒤집으면 진흙 벽돌 완성입니다. 이제 그것들로 성벽을 쌓아 보세요.

한눈에 보는 지식
12 솜씨 좋은 장인들

기원전 1900년 무렵, 고대 이집트의 한 서기관은 이런 기록을 남겼습니다. "도공에 대해 뭐라고 말하면 좋을까? 그도 사람이라고는 말해야겠지만, 도공은 돼지처럼 진흙탕 속을 파헤치며, 진흙이 말라붙어 뻣뻣해진 옷을 입고 있다."

진흙투성이기는 했지만, 고대 이집트의 장인들은 솜씨가 아주 빼어났습니다. 지금까지 남아 있는 수많은 고대 이집트의 그림, 조각상, 장신구 같은 아름다운 물건을 보면 그들이 얼마나 뛰어났는지 알 수 있습니다.

고대 이집트에서 장인이 되려면 여러 해 동안 기술을 갈고 닦아야 했습니다. 대부분 아홉 살쯤 되면 부모에게 기술을 배우거나 실력 있는 장인 밑에서 훈련을 받기 시작했습니다. 서기관으로 출발했다가 그림에 재능을 보이는 사람은, 화가가 되기 위한 교육을 받고 정식 화가가 되기도 했습니다.

이집트 장인들은 돌을 자유자재로 다루었습니다. 바위에서 돌을 떼내는 방법을 알아냈고, 돌을 다듬어 여러 가지 물건을 만들 수 있었습니다. 조각가들은 돌을 쪼아서, 숭배하는 신들의 조각상을 정교하게 만들었습니다. 도예가들은 흙을 빚어 집에서 사용하는 그릇을 비롯해 편리한 물건들을 만들었습니다.

한줄요약
고대 이집트 장인들은 아름다운 그림과 조각상 외에도 생활에 필요한 물건들을 만들었습니다.

고분 벽화
이집트의 화가들은 무덤의 거친 벽면에 세련된 그림들을 남겼습니다.
여러분이 화가라면 어떤 장면을 그리고 싶나요? 사포에 크레용으로 스케치한 다음 그려 보세요. 고대 이집트인들처럼 몸통은 정면을 마주 보고 머리는 한쪽으로 돌린 사람을 그려 보는 것도 좋을 거예요.

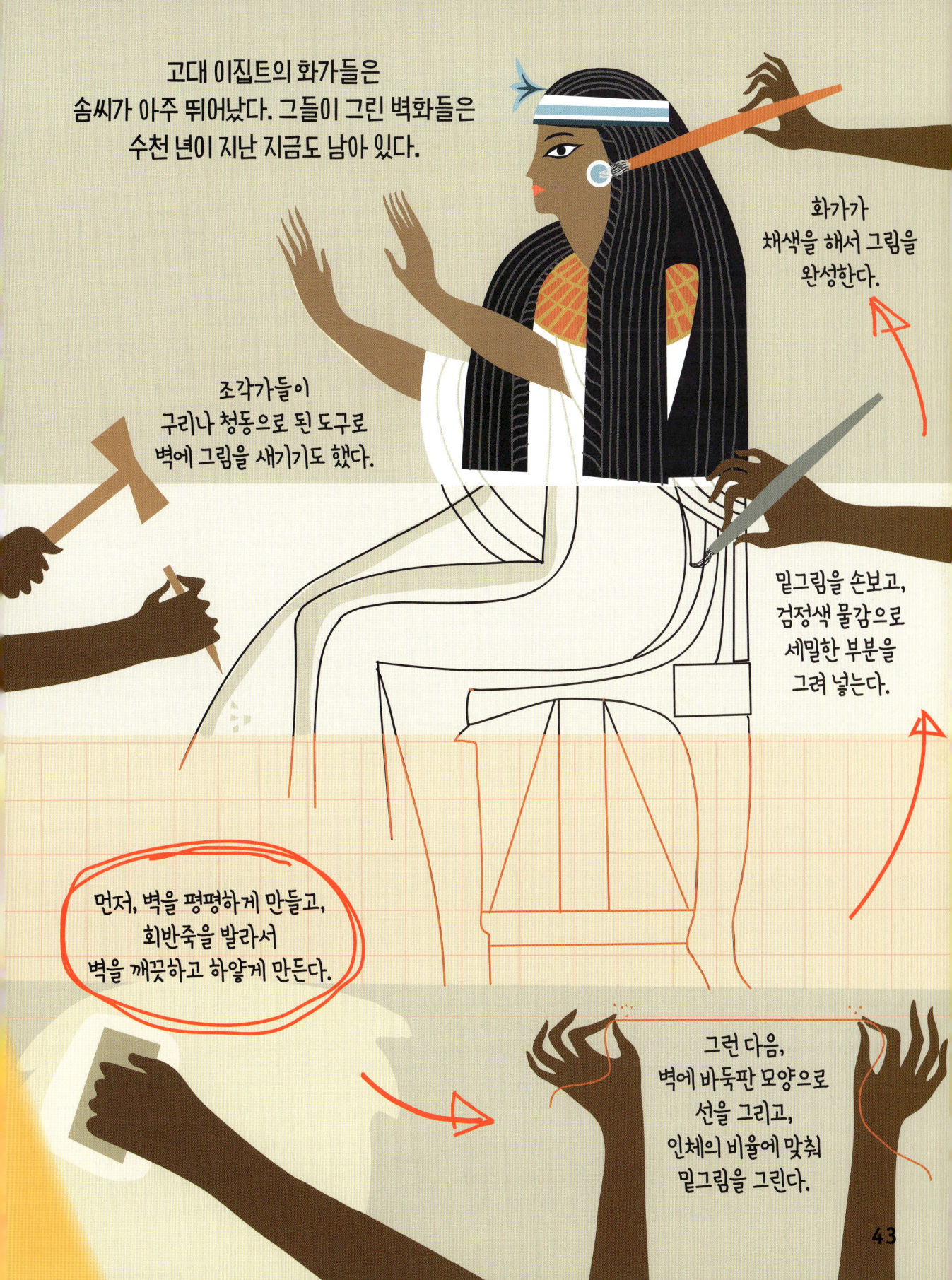

한눈에 보는 지식
13 이집트의 서기관

고대 이집트에서 서기관은 아주 멋진 직업이었습니다. 하지만 아무나 서기관이 될 수 없었습니다. 귀족 계급의 소년들은 열 살 무렵부터 서기관이 되기 위해 학교에 들어가 공부했습니다.

서기관이 되려면 학교에서 7년 동안 읽고 쓰는 법을 배웠습니다. 그들은 글자나 단어들을 돌이나 목판에 베껴 쓰면서 쓰기 연습을 했습니다.

글을 자유자재로 쓸 수 있게 되면, 서기관들은 공무원이나 다름없었습니다. 서기관들은 곡식, 토지, 인구 등을 기록했으며 세금을 관리했어요. 또한 나일강의 물을 측정하여 홍수나 가뭄을 예측하기도 했지요. 서기관들은 그것을 파피루스에 기록으로 남겼습니다.

파피루스는 강가를 따라 자라는 식물로, 파피루스로 만든 종이도 파피루스라고 합니다. 파피루스 두루마리 중에는 길이가 40m가 넘는 것도 있답니다.

과일 잉크

고대 이집트 서기관들은 자연에서 얻은 재료로 잉크를 만들었습니다. 과일로 여러분만의 잉크를 만들어 보세요.

준비물 블루베리 200g, 체, 숟가락, 그릇, 식초 1 작은술, 소금 1 작은술, 나무젓가락

만드는 방법
① 과일을 체에 넣고, 체 아래에 그릇으로 받칩니다.
② 과일을 체에 대고 숟가락 뒷면으로 눌러 과일의 즙을 짭니다.
③ 과일 즙에 식초와 소금을 넣고 잘 섞어요.
④ 나무젓가락에 과일의 즙을 찍어서 종이 위에 글씨를 씁니다.

주의 과일 즙이 옷에 튀어 얼룩이 생기지 않게 주의하세요.

한줄 요약
고대 이집트의 서기관들은 중요한 사건을 글로 남겼습니다.

서기관들이 하는 일은 글로 기록하는 일이었다.
이집트에는 지금 우리가 쓰는 종이 대신
파피루스를 종이처럼 만들어 썼다.

파피루스 줄기에서 벗겨 낸
껍질을 늘어놓고, 그 위에 또
껍질을 겹쳐서 놓는다.

겹쳐 놓은 파피루스
껍질들을 망치로 두드려
납작하게 폈다.

겹쳐 놓은 파피루스 조각들은
파피루스에서 나온 찐득한 액 덕분에
서로 붙어서 종이가 된다.

서기관들은 갈대 줄기의 끝을
씹어서 끝을 뾰족하게 만들어
펜 대신 사용했다.

붉은 흙으로
붉은색 잉크를 만들어
썼다.

검은색 잉크는 숯검댕으로
만들었는데, 고무조각에 검댕을
섞어서 만들었다.

한눈에 보는 지식
14 상형 문자

서기관들은 이집트의 중요한 문서를 기록할 때 쓰는 상형 문자를 익혔습니다. 서기관들이 오랜 시간을 들여 배운 것은 무엇일까요? 대부분의 상형 문자는 작은 그림처럼 생겼습니다. 어떤 글자는 사물이 나타내는 뜻을 보여 주는 표의문자입니다. 예를 들면 눈물이 흘러내리는 눈은 '울다'를 뜻합니다. 또 어떤 글자는 사람의 소리를 기호로 나타나는 표음문자입니다. 예를 들자면 '부엌'의 'ㅂ'이나 '잠'의 'ㅈ'과 같은 소리를 표시합니다.

상형 문자는 보통 오른쪽에서 왼쪽으로 썼지만, 왼쪽에서 오른쪽으로도, 위에서 아래로도 썼습니다. 사람들은 동물이나 사람이 보고 있는 방향을 보고 글을 읽는 방향을 알아 낼 수 있습니다. 만약 사람이나 동물이 왼쪽을 보고 있다면 왼쪽에서 오른쪽 방향으로 글을 읽으면 됐답니다.

대부분의 사람들은 '신관 문자'를 썼습니다. 신관 문자는 상형 문자보다 빠르게 쓰고 읽을 수 있었습니다. 신관 문자는 상형 문자보다 훨씬 단순한 모양이었기 때문에 펜으로 쓰기에 편리했습니다. 나중에 이집트 사람들은 신관 문자의 필기체인 '민용 문자'와 그리스어 문자를 사용하게 되었지요.

물론 대부분의 고대 이집트 사람들은 글을 쓰거나 읽을 줄 몰랐습니다. 그들은 입에서 입으로 전해지는 이야기를 통해 세상에서 무슨 일이 벌어지고 있는지를 이해했고, 뛰어난 기억력으로 지난 일을 기억했답니다.

한줄요약
고대 이집트 사람들은 중요한 문서를 상형 문자로 기록했습니다.

비밀 메시지!
친구들에게 상형 문자로 된 암호로 쪽지를 써서 보내요! 스마트폰, 게임기, 자전거 같은 것을 나타내는 새로운 상형 문자를 만들어서 쪽지에 써서 보내 보세요.

한눈에 보는 지식
15 의술

고대 이집트는 제대로 된 의술과 미신같은 주술이 뒤섞여 있었습니다. 의사는 환자에게 약을 주고 병이 낫도록 주문을 걸었습니다.

고대 이집트 사람들은 인류 최초로 의술을 연구했습니다. 기원전 16세기에 쓰여진 것으로 여겨지는 한 파피루스에는 48가지 부상과 그에 대한 치료법이 쓰어 있었습니다. 이집트 의사들은 환자들을 자세히 진찰했습니다. 또한 그들은 상처를 닦아 내고, 꿰매고, 부러진 뼈를 맞추기 위해 부목을 대고, 근육통을 다스리기 위해 마사지를 했습니다. 모두가 제대로 된 의료 처치들입니다.

하지만 이집트 사람들은 질병이 몸에 침범한 악령들이 일으킨 것이라고 굳게 믿었습니다. 그들은 약이 통증을 줄여 줄 뿐이고, 질병을 고치는 것은 주술이라고 여겼지요. 주술사들은 악령들을 쫓아내려고 주문을 외우고, 기이한 의식을 치르고, 역겨운 물질을 몸에 넣었습니다. 예를 들면 몸의 구멍에 똥을 집어넣기도 했지요. 치통을 없애기 위해서 갓 죽인 생쥐의 몸 반 토막을 잇몸에 대기도 했습니다!

딱하게도 이런 '치료' 때문에 환자들은 병이 더 깊어지는 일도 많았습니다. 이렇게 이집트의 의술이 아무리 주먹구구식이었다 해도, 다른 어떤 고대 문명에서도 이집트의 의사들만큼 실력 있는 의사를 찾을 수 없습니다.

한줄요약
고대 이집트의 치료법은 환자를 낫게도 했지만, 병이 더 심해지기도 했습니다.

지금도 쓰이는 치료법

고대 이집트 사람들은 악령이 꿀을 싫어 한다고 믿어서 상처에 꿀을 발랐습니다. 실제로 꿀은 베인 상처를 아물게 하는 데 효과가 있었을 것입니다. 꿀이 항생제 역할을 하기 때문이지요.
또 의사들은 감기 환자에게 생마늘을 씹어 먹으라고 처방했는데, 이 방법은 오늘날에도 효과가 있다고 알려졌습니다.

여가 생활과 놀이

고대 이집트 사람들은 음악을 사랑했습니다. 그들은 다양한 타악기, 목관악기, 현악기를 연주했고, 춤 공연도 즐겨 보았습니다. 이집트 사람들은 사냥과 낚시 같은 야외 활동도 좋아했습니다. 어린이들은 다양한 놀이를 했는데, 그중에는 오늘날의 어린이들이 즐기는 놀이와 비슷한 것도 있습니다. 바퀴가 달린 목마처럼 어린이들을 위한 장난감들도 발견됐답니다.

여가 생활과 놀이
읽기 전에 알아두기

가젤 아프리카와 아시아에서 사는 동물. 사슴을 닮았으며, 아주 빨리 달릴 수 있다.

던지기 막대 작은 동물을 사냥하기 위해 던지던 단순한 도구. 부메랑과 모양이 비슷하다.

리라 알파벳 유(U) 자 모양의 틀에 줄을 맨 고대의 악기. 손가락으로 줄을 튕기며 연주한다.

말뚝박기 차례로 뛰어서 숙이고 있는 상대편 사람들의 등에 올라타는 아이들의 놀이.

사냥감 사람들이 즐기기 위해, 혹은 식량을 얻기 위해 사냥하는 야생 동물.

사막 물이 아주 적고 식물이 거의 살지 않는 넓은 땅.

신전 신들에게 예배를 올리는 데 쓰이던 건물.

오릭스영양 몸집이 크고 빨리 달리는 영양. 아라비아반도와 아프리카에 살며, 길고 곧은 뿔이 있다.

울안 울타리나 담으로 에워싼 땅.

전문직 특별한 훈련이나 기술이 필요한 종류의 직업.

전차 바퀴가 두 개 달리고 지붕이 없는 탈것. 말이 끌었고 전투에 쓰였다.

줄다리기 두 편이 밧줄의 양쪽 끝을 붙잡고 끌어당기는 게임. 한 편이 다른 편 쪽으로 끌려가 땅에 그린 선을 넘어가면 끝난다.

표창 창의 날카로운 부분으로 던져서 적을 공격하는 무기이다. 육상 경기인 창던지기 등에도 쓰인다.

파피루스 파피루스라는 식물의 줄기로 만든 종이로, 고대 이집트에서 글을 쓰거나 그림을 그리는 데 쓰였다.

후생 고대 이집트에서 사람들이 죽은 뒤에도 살게 된다고 믿었던 삶.

한눈에 보는 지식
16 놀이 시간

가난한 고대 이집트 사람들은 온종일 쉴 틈도 없이 일해야 했습니다. 이에 비해 부유한 사람들은 여가 시간을 즐길 수 있었습니다. 아이들도 하루 종일 여러 가지 놀이를 하며 지냈지요.

고대 이집트의 어린이들은 말뚝박기나 줄다리기처럼 몸으로 하는 놀이를 좋아했습니다. 술래잡기를 하거나 목말을 타거나 뜀뛰기를 하면서 공을 던지는 놀이도 즐겼습니다.

또한 장난감을 가지고 하는 놀이도 좋아했습니다. 인형을 갖고 놀았고, 나무로 만든 팽이로 팽이치기도 했답니다. 어린아이들은 바퀴가 달린 장난감 목마를 끌고 다니기를 좋아했지요.

어른들에게는 보드게임이 인기를 끌었는데, 특히 메헨과 세네트를 즐겼습니다. 메헨은 '뱀과 사다리' 게임과 비슷하고, 세네트는 윷놀이와 비슷합니다. 세네트는 네 개의 막대를 던져서 뒤집힌 모양에 따라 말이 나아가는 놀이입니다. 고대 이집트 사람들은 죽으면 메헨이라는 신과 세네트 게임을 해서 이겨야 무사히 저승으로 갈 수 있다고 믿었기 때문에 세네트를 열심히 했습니다.

한줄요약
부유한 고대 이집트 사람들은 여가 시간에 여러 가지 놀이를 하면서 지냈습니다.

뱀 게임 만들기
메헨은 말을 가지고 하는 고대 이집트의 보드 게임입니다. 게임 판은 똬리를 튼 뱀 모양으로, 말을 뱀의 머리까지 가게 한 다음, 뱀에게 먹히지 않고 되돌아와야 이기는 놀이입니다.
여러분도 말과 주사위를 이용한 뱀 게임을 만들어 친구들과 함께 게임을 해 보세요.

고대 이집트 사람들은 게임을 좋아했고,
그 중의 일부는 우리가 지금도
즐기는 게임이다.

아이들은 나무 인형과
장난감을 가지고 이야기를
지어내며 놀았다.

'메헨'이라는 보드 게임은
'뱀과 사다리' 게임과 비슷하다.

이집트 사람들은 아이들에게
무서운 귀신 이야기나 신들에 대한
우스운 이야기들을
들려주기를 좋아했다.

고대 이집트 그림에는 등에 업혀서
공놀이를 하는 아이들의 모습이 많다.

한눈에 보는 지식
17 사냥과 낚시

식량을 얻기 위해서가 아니라, 오락을 즐기기 위해 사냥을 한 것은 고대 이집트 사람들이 최초입니다. 또 강가에 낚싯대를 드리우고 앉아서 농어나 메기가 걸리기를 기다리며 하루를 보내기도 했습니다.

그들은 강에서 사냥을 했는데, 강둑의 파피루스 덤불 속에 가만히 숨어 있다가 새나 물고기가 움직이면 즉시 부메랑 모양의 던지기 막대를 던졌습니다.

고대 이집트 사람들은 몸집이 큰 동물들도 사냥했습니다. 특히 농작물을 짓밟고 다니는 하마는 이집트인들에게 큰 골칫거리였어요. 그래서 사람들은 대규모 사냥 팀을 꾸려 목숨을 걸고 하마 사냥에 나섰답니다.

부유한 이집트 사람들은 사냥을 즐겼습니다. 그들은 하인들을 거느리고 사막에 들어가 들소, 가젤, 오릭스영양 등을 사냥했습니다. 나중에는 사냥개를 데리고 말이 끄는 전차를 타고 사막을 돌아다녔지요. 사냥꾼들은 개들이 사냥감을 구석으로 몰면, 창을 던지거나 화살을 쏘았습니다.

파라오 아멘호테프 3세는 사냥을 나가서 들소 96마리를 죽였다고 주장했습니다. 하지만 파라오는 사냥을 할 때 전혀 위험하지 않았습니다. 개들이 들소들을 울타리 안으로 몰아 넣고, 파라오는 전차 위에서 안전하게 들소를 향해 화살을 쏠 수 있었으니까요.

한줄요약
고대 이집트 사람들은 오락을 위해서 사냥을 했습니다.

던지기 막대
고대 이집트 사람들은 '던지기 막대'를 던져 작은 동물을 사냥했습니다. '던지기 막대'에 대해 더 알아 보세요. 어떤 모양이고 크기는 어느 정도였을까요? 공중에서 어떻게 날아갔을까요?

한눈에 보는 지식
18 노래와 춤

고대 이집트 사람들은 파티를 아주 좋아했습니다! 종교 축제와 기념 행사가 열릴 때면 북과 종의 리듬에 맞춰 플루트와 하프로 연주하였습니다. 많은 사람이 노래하고 박수를 쳤고, 무용수들이 빙글빙글 돌며 춤을 췄지요.

고대 이집트에는 다양한 타악기, 관악기, 현악기가 있었습니다. 북과 종, 딸랑이가 박자를 맞추었고, 플루트와 트럼펫이 가락을 연주했습니다. 음악가들은 하프, 리라, 류트의 줄을 튕겼고, 사람들은 연주에 맞춰 노래를 불렀습니다. 음악가들은 신전과 왕궁에서 음악을 연주했고, 파티에서도 음악을 연주하고 춤을 추었습니다.

농부나 노동자들도 일하는 동안, 노래를 불렀을 것입니다. 농부들은 쟁기로 땅을 갈거나 괭이질을 할 때 박자에 맞춰 노래를 불렀을지도 모릅니다.

아쉽게도 이집트 사람들은 음악을 기록으로 남기지 않았습니다. 그래서 우리는 이집트 사람들이 즐기던 음악이 무엇인지 정확히 알 수 없습니다. 하지만 벽화에 그려진 힘이 넘치는 춤 그림으로 보아 요란하고 신나고 율동적인 음악이었을 겁니다.

고대 이집트 사람들의 춤

고대 이집트에서는 남자도 여자도 모두 춤을 추었습니다. 그들은 느리고 우아하게 스텝을 밟았고, 오늘날의 발레처럼 표현이 풍부한 춤을 췄습니다. 곡예처럼 동작이 어려운 것도 있었습니다. 무용수들은 옆으로 재주넘기, 몸을 뒤로 굽혀 땅 짚기, 다리 찢기 등을 하며 돌아다녔습니다.
그들은 속이 비치는 로브를 입거나 그냥 구슬이나 조개껍데기로 된 허리띠만 둘러 자유롭게 몸을 움직일 수 있도록 했습니다.

한줄요약
고대 이집트 사람들은 특별한 행사에서 음악에 맞춰 노래와 춤을 추었습니다.

종교와 사후 세계

고대 이집트 사람들의 삶에서 종교는 무엇보다 중요했습니다. 파라오들은 신들에게 바치는 멋진 신전을 지었습니다. 튼튼한 돌로 지은 거대한 신전은 지금까지 남아 있습니다. 그래서 우리는 고대 이집트 사람들이 어떻게 신들에게 예배를 올렸는지 알 수 있습니다.

종교와 사후 세계
읽기 전에 알아두기

고고학자 건축물의 유적과 땅속에서 발견된 유물을 면밀히 조사해 과거의 문화를 연구하는 사람.

내세 인간이 죽은 뒤에, 다시 태어나 살게 된다고 믿었던 세상.

묘 커다란 무덤. 특히 땅 위나 아래에 돌을 두고 쌓은 무덤.

미라 죽은 사람이나 동물을 특별한 물질로 처리하고 헝겊으로 싸서 썩지 않게 만든 것.

방부사 특수한 물질들로 시신을 처리해 부패하지 않게 만드는 사람. 고대 이집트 사람들은 천연 탄산 소다를 사용해 시신이 썩지 않도록 했다.

부적 고대 이집트 사람들이 불운과 질병으로부터 지켜 준다고 믿고서 몸에 지녔던 장신구.

석관 돌로 만든 관. 이집트 사람들은 석관을 장식해서 땅 위에 놓았다.

스핑크스 엎드려 있는 사자의 몸에 사람의 머리가 달린 고대 이집트의 석상.

신전 신들을 숭배하는 데 사용된 건물.

예배 찬송을 부르는 것과 같은 의식을 행함으로써 신에 대한 존경을 표현하는 행동.

오벨리스크 네 면으로 된 높고 뾰족한 돌기둥.

지하 세계 고대 이집트 사람들이 사람들이 내세에 도달하기 위해 통과해야 한다고 믿었던 곳. 지하 세계는 위험으로 가득해서 사람들이 무사히 통과하려면 마법이 필요했다.

카노푸스 단지 고대 이집트 사람들이 미라를 만들 때 인체의 장기들을 방부처리해 보관하던 단지.

피라미드 이집트의 파라오가 묻힌 거대한 묘. 정사각형의 밑면과 꼭대기의 점에서 만나는 기울어진 네 개의 삼각형 옆면으로 이뤄진다.

한눈에 보는 지식
19 신과 여신

고대 이집트 사람들은 세상에서 일어나는 일들을 과학적으로 설명할 수 없었습니다. 그래서 신들이 세상을 움직인다고 믿었습니다.

이집트인들은 세상이 질서와 혼돈이 끊임없는 투쟁하는 곳이라고 생각했습니다. 오직 신들만이 세상의 질서를 유지할 수 있다고 믿었지요. 신들이 아침에 해가 뜨게 하고, 해마다 나일강이 넘치고, 철마다 농작물이 잘 자라게 해 준다고 여겼습니다.

고대 이집트에는 수많은 신이 있었습니다. 신들은 저마다 하는 일이 달랐습니다. 그래서 이집트 사람들은 상황과 일에 알맞은 신을 찾아가 기도를 드려야 했습니다. 예를 들면 어머니들은 아이가 무사히 태어나면 바스테트와 타웨레트에게 감사의 기도를 올렸지요.

이집트 사람들은 태양신 라를 가장 신성하게 생각했습니다. 태양이 없다면 자신들이 살 수 없다는 걸 확실히 알고 있었기 때문입니다.

세월이 흐르면서 신들도 변해 갔습니다. 태양신 라는 나중에 테베의 신 아문과 합쳐져서 아문-라가 됐습니다.

한줄요약
고대 이집트에는 수백 명이나 되는 신이 있었습니다.

어떤 신? 어떤 여신?

이집트 신들에 대한 아래의 문제를 읽고, 어떤 신인지 누가 빨리 정답을 찾아내는지 친구와 시합해 보세요.

① 기쁨과 사랑의 여신은 누구일까요?
② 매일 하루의 끝에 태양신 라를 먹어치우고 이튿날 아침 라를 다시 낳은 여신은 누구일까요?
③ 글쓰기와 지식을 주관하는 지혜의 신은 누구일까요?
④ 불룩한 배에 수초를 들고 나타난 신은 누구일까요?

정답은 95쪽에 있습니다.

바스테트
고양이의 여신이자
다산을 도와 주는 여신.

호루스
파라오를 보호하는,
매의 머리를 한 신.

오시리스
지하 세계의 왕이자
다산을 상징하는 신.

아누비스
죽은 사람을 내세로 이끄는
자칼 머리를 한 신.

이집트 사람들은
수백 명의 신과 여신이
자신들의 삶을
결정한다고 생각했다.
여기에서 소개하는 신들은
이집트에서
가장 중요한 신들이다.

라
태양의 신
인간의 창조자.

토트
지혜와 정의의 신이자 죽은 자들을
심판한 결과를 기록하는 신.

크눔
나일강을 상징하며
인간의 영혼을 창조한 신.

한눈에 보는 지식
20 신전과 종교 생활

이집트의 파라오들은 신들을 위해서 거대한 신전을 건설했습니다. 나라를 안전하게 지키기 위해서이기도 했지요.

이집트의 신전들은 영원히 무너지지 않도록 거대한 돌로 지어졌습니다. 스핑크스들이 신전 앞을 지키고 있었고, 파라오의 동상이 정문을 장식했습니다. 신전의 문 앞에는 파라오의 이름과 신들에게 전하는 메시지들을 새긴 높고 가는 오벨리스크가 서 있었습니다. 오벨리스크는 아침에 첫 햇살이 비치는 지점에 자리를 잡고 있었지요.

거대한 이집트 신전은 사람들이 모여서 예배를 하는 곳이 아니라, 신이 홀로 지내는 곳이었습니다. 신의 모습을 새긴 신상은 신전 한복판에 자리한 어둡고 신비한 장소에 모셔져 있었으며, 그곳에는 오직 제사장만이 들어갈 수 있었습니다.

보통 사람들은 종교 행사할 때 벌어지는 행렬에서만 신상을 볼 수 있었습니다.

물시계 만들기

고대 이집트의 제사장들은 물시계를 만들어 예배 시간을 계산했습니다. 이집트의 물시계는 그릇에 물방울이 똑똑 떨어지도록 구멍을 뚫고, 눈금을 새긴 것이었습니다. 그릇에 새긴 두 눈금의 간격만큼 물이 줄면 한 시간이 흐른 것이었지요.

준비물 투명한 플라스틱 컵, 핀, 물, 기다란 유리잔, 타이머, 수성 펜.

만드는 방법

① 플라스틱 컵의 밑바닥에 핀으로 작은 구멍을 뚫습니다.
② 플라스틱 컵에 물을 가득 채운 다음, 유리잔에 걸쳐 놓으세요.
③ 컵에서 물이 다 빠져나가는 데 걸리는 시간을 재세요.
④ 5분마다 물의 높이를 수성 펜으로 플라스틱 컵의 바깥 면에 표시하세요.

한줄요약
거대한 신전 안의 성소는 제사장만이 들어갈 수 있었습니다.

제사장은 신들을 기쁘게 하려고
신전에서 예배를 드렸다.

제사장이 신전에 들어간다.

성스러운 곳에서 신상을 꺼내 옷을 벗기고 그것을 깨끗하게 만드는 의식을 치른다.

제사장은 신에게 새로 짠 리넨 옷을 입히고 옷에 성스러운 기름을 바른다.

제사장은 신에게 먹을 것과 마실 것을 바치고 신을 찬미하는 노래를 부른다.

제사장은 성소에 신상을 다시 집어넣는다.

한눈에 보는 지식
21 종교 축제

고대 이집트 사람들은 주말도 없이 매일 일해야 했습니다. 그러다 보니 종교 축제를 엄청나게 좋아했습니다. 축제는 이집트 사람들에게 신을 기릴 수 있는 시간이기도 했지만 일을 쉬며 즐거운 시간을 보낼 수 있는 기회이기도 했으니까요.

고대 이집트에서 가장 유명한 축제 가운데 하나가 에드푸에서 열리는 '아름다운 포옹의 축제'였습니다. 호루스와 그의 아내인 하토르 여신의 결혼을 축하하는 축제였지요. 이 축제 때는 덴데라 신전의 사당에 모셔져 있던 하토르 여신상을 '사랑의 지배자'라는 배에 실어 나일강을 따라 에드푸에 있는 호루스의 신전으로 보냈습니다. 에드푸에 도착한 하토르 여신상은 떠들썩하고 활기찬 군중의 환영을 받으면서 호루스 신상을 만났습니다.

나일강의 홍수 기간 동안에 열리는 오페트 축제도 유명합니다. 오페트에 있는 카르나크 신전에서 열리는 이 축제는 파라오의 통치를 기리는 축제였습니다. 한 달 내내 계속될 때도 있었지요. 카르나크의 신전에 모신 아몬, 무트, 콘스의 신상은 3km를 행진하면서 룩소르의 신전으로 옮겨졌습니다.

제사장, 음악가, 무용수, 가수, 군인 등을 비롯한 수많은 사람들이 신상들과 함께 걸었습니다.

한줄요약
종교 축제 기간 동안
신을 기리고
노래와 춤을 즐겼습니다.

종교 축제

전 세계에서는 1년 내내 여러 종교적인 축제가 열립니다. 예를 들면 힌두교 신자들은 디왈리 축제일 밤에 가장 좋은 옷을 차려입고, 등불을 밝히고, 부와 번영의 여신 락슈미를 향해 기도를 올립니다. 그런 다음 불꽃놀이를 하고, 집집마다 가족 만찬을 즐기고, 선물을 교환합니다.
다른 지역의 종교 축제들을 찾아 조사해 보세요. 그 축제들에는 어떤 공통점이 있나요?

이집트의 종교 축제는 신을 기리는 예배와
사람들이 즐기는 오락이 섞여 있었다.

오페트 축제 기간에
아몬, 무트, 콘스의 신상은
성스러운 배에 실려
룩소르 신전으로 옮겨진다.

제사장을 비롯한
엄청난 수의 군중이 룩소르에 온
아몬, 무트, 콘스라는 신을 맞았다.

한눈에 보는 지식
22 시신 보존하기

고대 이집트 사람들은 죽은 사람의 영혼인 '카'가 지하 세계에서 산다고 믿었습니다. 그래서 파라오를 비롯해 신분이 높은 사람들이 죽고 나서 무덤에 그냥 묻지 않았습니다. 죽은 뒤에도 영혼은 영원히 산다고 생각했기 때문에 시신이 썩지 않도록 미라로 만들었습니다.

미라를 만드는 법을 알려준 것은 요리사들이었습니다. 그들은 고기를 오랫동안 보존하려면 고기의 수분을 말리고 소금을 뿌려야 한다는 것을 알고 있었지요. 미라를 만들려면 먼저 몸속에서 축축한 간, 위장, 대장, 폐 같은 장기를 꺼내 따로 보관했습니다. 심장은 정신이 머무는 곳이라고 믿었기 때문에 몸속에 그대로 남겨 두었습니다. 하지만 뇌는 별로 중요하지 않다고 생각해서 갈고리로 꿰어 콧구멍으로 뽑아냈습니다.

그 다음 시신에 천연 탄산 소다를 발랐습니다. 내장 기관들은 말려서 '카노푸스 단지'라고 불리는 용기에 각각 담았습니다. 시신은 사막으로 옮겨져 물기가 완전히 마르도록 40일간 묻어 두었습니다.

한줄요약
고대 이집트에서는 죽은 사람들의 영혼이 영원히 살기를 바라면서 미라를 만들었습니다.

지하 세계에서 필요한 물건
고대 이집트 사람들은 파라오의 시신만 미라로 만든 것이 아니라, 식량를 비롯해 장신구 같은 보물도 죽은 파라오와 함께 묻었습니다. 지하 세계의 삶을 위해서였습니다.
만약 여러분이 고대 이집트의 파라오고, 죽은 뒤에 영원히 산다면 무엇을 가져가고 싶나요? 가져가고 싶은 목록을 만들어 보세요.

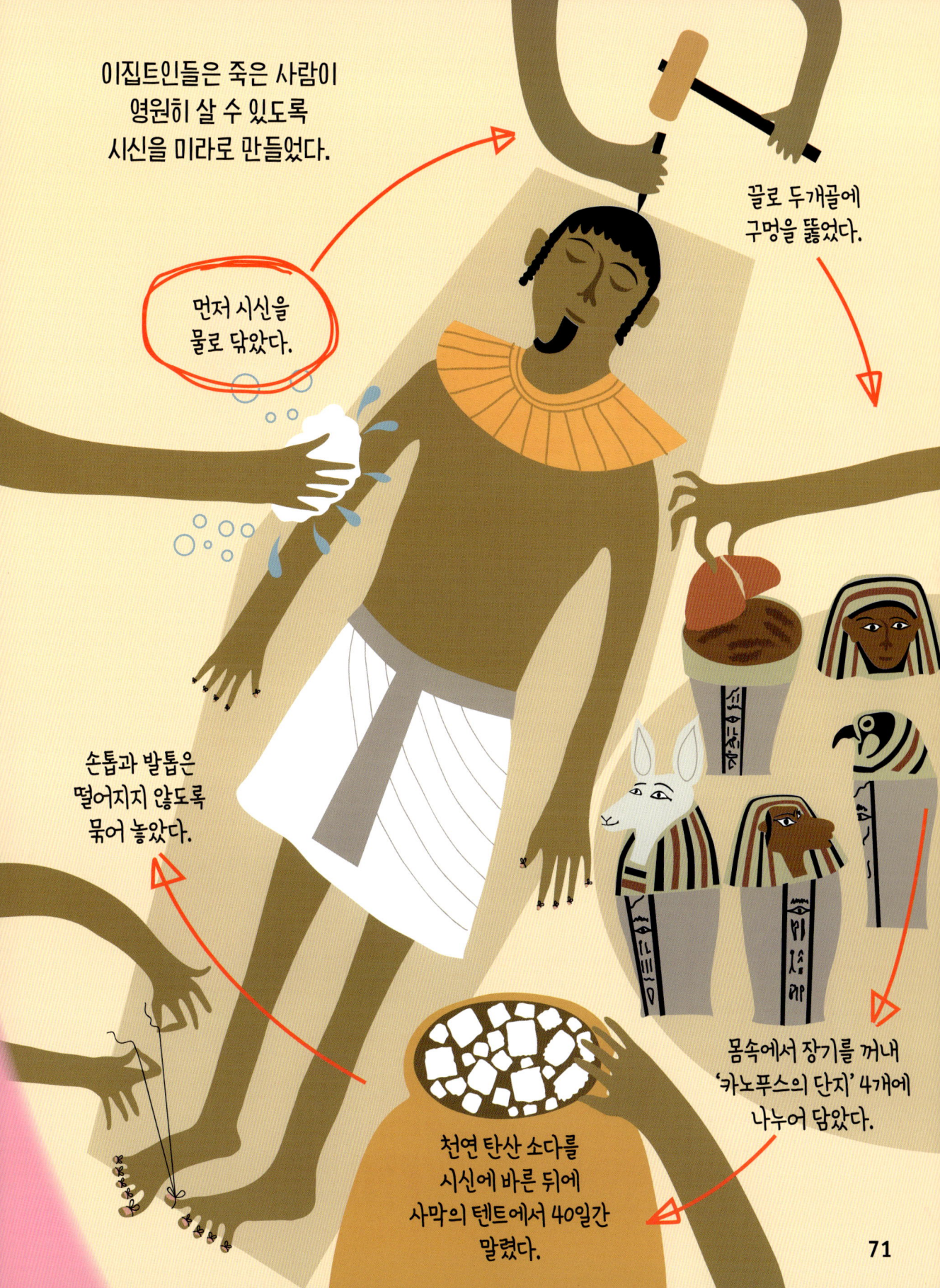

한눈에 보는 지식
23 미라 만들기

시신의 물기가 완전히 마르면 내장 기관이 모두 사라져 텅텅 빈 몸속에 리넨이나 톱밥을 채워 시신이 살아 있을 때처럼 보이도록 만듭니다.

손가락이나 다른 신체 부위가 떨어져 나가면 그 부분을 나무토막으로 대체했습니다. 그런 다음, 부적과 장신구를 놓고 리넨 붕대로 시신을 칭칭 감았습니다. 투탕카멘은 무려 150개가 넘는 장신구와 함께 묻혀 있었답니다!

죽은 사람이 지하 세계에서 편안히 살아갈 수 있도록 먹을 것, 마실 것, 살림살이까지 준비해서 넣었습니다. 이집트에는 『사자의 서』라는 책이 있었는데, 이 책은 미라가 무사히 지하 세계를 지나가게 하기 위해 암송하는 주문들이 적혀 있는 지침서였습니다. 지하 세계의 지도도 한 장 들어 있었지요.

미라를 무덤에 묻기 전, 제사장들은 특별한 의식을 치르면서 미라의 입을 벌려 놓았습니다. 죽은 사람이 지하 세계에서 먹고 마실 수 있도록 하기 위해서였습니다. 마지막으로 석관에 미라를 넣고 온갖 물품들과 함께 묘에 묻었습니다.

한줄요약
고대 이집트 사람들은 시신을 미라로 만들어 지하 세계의 삶을 위해 준비한 묘에 묻었습니다.

뜻밖의 발견
과학자들은 미라를 연구할 때 핵 자기 공명 장치(MRI) 촬영을 이용합니다. MRI 촬영 사진은 시신 안의 모습을 보여 줍니다. 2014년 대영 박물관의 과학자들은 미라의 MRI 사진을 촬영하다가 하나의 사실을 발견했습니다. 미라의 두개골 속에서 코를 통해 뇌를 빼내는 데 쓰인 것으로 보이는 부러진 주걱을 찾아냈습니다. 파라오를 미라로 만들 때 뇌를 빼낸 다음, 깜박하고 주걱을 남겨 둔 것이 분명했습니다.

한눈에 보는 지식
24 피라미드 만들기

이집트 파라오들은 뜨거운 날씨, 들짐승, 도굴꾼으로부터 자신의 미라를 지킬 방법을 찾았습니다. 기원전 2650년경, 파라오 조세르는 피라미드 속에 자신의 미라를 숨기겠다는 기발한 생각을 해냈습니다.

피라미드는 고대 이집트 사람들이 시간이 시작될 때 물속에서 솟아올랐다고 믿었던 언덕의 모양을 본따서 설계되었습니다. 조세르의 피라미드는 옆면이 계단이었습니다. 그 뒤에 건설된 대부분의 피라미드는 옆면이 매끈합니다.

기원전 2589년 무렵에 지어진 대 피라미드는 파라오 쿠푸의 무덤으로, 한때 세계에서 가장 거대한 석조물이었습니다. 기자 지역에 만들어진 이 피라미드는 230만 개가 넘는 석회암 돌로 쌓았는데, 돌 하나의 무게는 최소 2.5톤에 달했습니다. 돌을 나르고 피라미드를 만드는 데는 수많은 사람들이 20년 동안 동원되어 완성했을 것으로 추측합니다.

노동자들은 구리와 돌로 된 연장으로 거대한 석재를 잘라 피라미드를 쌓았을 것입니다. 그리고 석재를 들어올릴 때는 지렛대를 이용했을 지도 모릅니다. 어떤 학자는 피라미드를 건설할 때 경사로를 만들었지만 도르래는 없었을 거라고 추정합니다. 그렇다면 어떻게 그 무거운 석재를 피라미드의 높은 층까지 옮겼을까요? 그것은 여전히 수수께끼랍니다.

한줄요약
파라오들은 거대한 피라미드 속에 자신들의 미라를 숨겼습니다.

세계 7대 불가사의
기자 지역의 세 개의 피라미드는 지금까지 남아 있는 '고대 세계의 7대 불가사의' 가운데 하나입니다. 나머지 여섯 가지 불가사의는 무엇일까요? 인터넷에서 찾아보세요.

정답은 95쪽에 있습니다.

한눈에 보는 지식
25 왕가의 계곡

기원전 2150년 무렵, 피라미드의 시대는 끝났습니다. 파라오들은 피라미드를 더 이상 건설하지 않았지요. 피라미드를 아무리 튼튼하게 지어도 도굴꾼을 막을 수 없다는 사실을 깨달았기 때문입니다.

그후 1000년 동안 파라오들은 '왕가의 계곡'이라는 산비탈 깊숙한 곳에 자신들의 무덤을 숨겼습니다. 무덤은 대개 하나의 긴 회랑과 여러 개의 수직 통로로 이루어져 있었습니다. 그 끝에는 묘실이 있었고, 그곳에 미라의 관이 지하 세계에서 필요한 물건들과 함께 모셔져 있었습니다. 그중에는 황금 가면처럼 아름다운 장신구뿐만 아니라, 생활에 필요한 여러 가지 물건도 있었지요.

하지만 약삭빠른 도굴꾼들은 계속 파라오의 무덤을 찾아냈습니다. 결국 기원전 1000년경에는 거의 모든 파라오의 묘들이 도굴되고 말았답니다. 몇몇 파라오들은 옛 파라오들의 보물을 털어서 부자가 되기도 했지요. 그런데 놀랍게도 투탕카멘의 묘만 20세기까지 어느 누구의 침입을 받지 않은 채 고스란히 남아 있었습니다.

2005년에 고고학자들이 왕가의 계곡에서 도자기와 리넨을 비롯한 부장품을 발견했습니다. 그러니 어디엔가 꼭꼭 숨겨진 무덤이 더 있을 지도 모르지요.

한줄요약
수많은 파라오가 도굴을 피해 왕가의 계곡에 무덤을 만들었습니다.

보물은 찾은 사람이 임자?
만약 여러분이 고대의 보물을 발견한다면 어떻게 해야 할까요? 발견한 사람이 그냥 가져도 될까요? 아니면 박물관에 가져가야 할까요? 그것은 나라마다 다릅니다. 예를 들면, 영국은 자기 소유의 땅에서 금화를 발견하면 그것을 팔아서 얻은 돈을 가져도 된답니다! 우리나라는 보물을 발견하면 경찰서 등에 신고를 하도록 되어 있습니다. 신고한 보물을 나라에서 가치를 따져 보상을 해 준답니다.

무역과 전쟁

고대 이집트 사람들은 배를 타고 다니며 나일강과 지중해를 둘러싸고 있는 다른 나라와 무역을 하였습니다. 하지만 다른 민족들과의 만남이 늘 평화롭지는 않았습니다. 고대 이집트는 지금의 튀르키예 땅에 있던 히타이트족과 시리아와 팔레스타인 땅을 놓고 오랫동안 전쟁을 벌였습니다.

오랜 전쟁으로 힘이 약해진 고대 이집트는 그리스에 정복당했습니다. 그 후, 로마 제국의 식민지가 되면서 3000년에 걸친 찬란한 고대 이집트의 문명은 막을 내렸습니다.

무역과 전쟁
읽기 전에 알아두기

리넨 아마로 만든 천. 이집트인들은 이 천으로 옷을 만들었다.

사단 군대의 단위, 큰 무리 몇 개로 이뤄진다.

상아 코끼리의 엄니(길고 휘어진 이빨)를 이루는 뼈와 비슷한 물질. 단단하고 노르스름한 흰색이다.

상형 문자 사물의 그림이나 상징으로 단어나 소리를 나타내는 문자.

새총 Y 자 모양으로 생긴 나뭇가지나 쇠붙이에 고무줄을 맨 뒤 그것에 돌멩이를 끼워 튕기는 물건.

약탈 전쟁 때처럼 사회 질서가 무너졌을 때 물건들을 훔치는 것.

전차 바퀴가 두 개 달리고 지붕이 없는 탈것. 말이 끌었고 전투에 쓰였다.

전차 부대 고대 이집트 군대에 속했던 부대. 전차에 탄 채로 싸웠다.

파피루스 식물인 파피루스의 줄기로 만든 종이. 고대 이집트에서는 파피루스에 그림을 그리고 글을 썼다.

향 태우면 기분 좋은 냄새를 풍기는 물질. 특히 종교적인 의식이나 치료를 위해서 쓰였다.

화물 배로 옮기는 물건들.

한눈에 보는 지식
26 여행과 교통

고대 이집트는 도로가 필요 없었습니다. 나일강은 물건과 사람을 전국으로 운반하기에 좋은 길이었기 때문입니다.

기원전 4000년 무렵부터 이집트 사람들은 파피루스 줄기로 배를 만들었습니다. 노를 저어 나아가는 조그만 낚싯배였지요. 고왕국 시대(12쪽 참조)부터는 많은 물건들을 운반하고 먼 거리를 항해할 수 있는 커다란 목재 화물선을 만들었습니다.

배를 타고 나일강을 따라 하류로 내려가는 것은 쉬웠습니다. 배가 물살을 타고 저절로 떠내려갔으니까요. 하지만 강을 거슬러 상류로 가려면 돛을 올려 바람을 받아야 했습니다. 다행히 바람은 대개 상류 쪽을 향해 불었답니다.

육지에서 이동하는 것은 아주 힘들었습니다. 상인들은 짐을 끄는 당나귀들과 함께 느릿느릿 움직였지요. 기원전 17세기에 중앙아시아, 힉소스에서 온 침략군들이 이집트에 말을 들여왔습니다. 그제야 파라오들은 말이 끄는 전차를 타고 폼나게 다닐 수 있게 됐습니다.

미니 보트

준비물 구부러지는 빨대 20개, 알루미늄 테이프, 끈, 가위

만드는 방법

① 빨대의 한쪽 끝을 집어 다른 빨대의 끝에 끼워 넣으세요. 나머지 18개의 빨대도 똑같이 연결해서, 10개의 아주 긴 빨대를 만드세요.

② 10개의 빨대를 수평으로 줄지어 늘어놓고, 가운데 연결 부분을 알루미늄 테이프로 감아서 하나로 합치세요. 빨대의 긴 부분들을 살짝 구부려 배의 앞뒤 끝부분이 곡선을 이루도록 합니다.

③ 빨대들의 끝부분을 한데 모아 끈으로 묶어서 배의 머리와 꼬리를 만들어 보세요.

④ 배 모양이 유지되도록 빨대들이 구부러지는 두 부분을 알루미늄 테이프로 감아 고정해 주세요.

⑤ 이제 배를 물에 띄워 보세요.

한줄요약
고대 이집트 사람들은
배를 타고
나일강을 통해
이동했습니다.

이집트 사람들은
보통 배를 타거나 걸어서 이동했다.
말은 기원전 17세기에 이집트에 처음 들어왔다.

육지에서 이동할 때는
당나귀들이 짐을
날랐다.

말이 끄는 가벼운 전차는
바퀴살이 네 개였다.

파피루스로 만들어진,
노를 저어 나가는 작은 배는
나일강에서 이동하기에 좋았다.

사람들은 노와 돛이 있는
나무배를 이용해 지중해의
거센 바람에 맞섰다.

뒤쪽 노는 배를
조종하는 데 쓰였다.

수직을 맞추는
다림줄을 사용해
물의 깊이를
측정했다.

83

한눈에 보는 지식
27 시장

고대 이집트에는 도시마다 시장이 있었습니다. 시장은 음식, 옷, 생활용품, 가축을 물물교환하는 사람들로 북적거렸지요.

멤피스, 테베와 같은 도시에서는 다양한 종류의 음식을 구할 수 있었습니다. 석류, 멜론, 무화과, 올리브, 대추야자는 물론이고, 서른 가지가 넘는 빵도 있었습니다. 장인들이 만든 화병과 조각상 외에 나무, 돌, 금속, 상아 등을 깎아서 만든 조각품도 있었습니다.

고대 이집트 사람들은 돈으로 물건을 사지 않았습니다. 대신 물물교환을 했습니다. 만약 여러분에게 오리는 많은데 샌들이 없다면, 샌들 한 켤레를 사는 데 오리 몇 마리가 필요할지 시장에서 알아볼 수 있었습니다. 물건을 파는 사람이나 사는 사람이 물건의 가치를 계산하기 위해, '데벤'이라는 추를 사용했습니다. 예를 들면 염소 한 마리는 1데벤의 가치가 있었고, 침대 하나는 2.5데벤의 가치가 있었습니다. 물건을 사고파는 사람들 사이에 싸움이 나면 시장 관리들이 해결했답니다.

이집트 사람들은 다른 나라 사람들과도 물물교환을 했습니다. 상인들은 이집트에서 생산되는 곡물, 파피루스, 리넨 등을 다른 나라에서 생산되는 보석, 금, 장신구, 목재, 향, 향신료, 기름 등과 교환했습니다.

한줄요약
고대 이집트 사람들은 시장에서 물물교환을 했습니다.

물물교환 상점
친구들과 물물교환을 할 때 어떤 원칙이 필요한지 생각해 보세요. 예를 들면 연필 한 다스가 초코바 두 개의 가치를 갖는다거나, 티셔츠 한 벌이 사과 세 알의 가치를 갖는다거나 할 수 있겠지요? 물물교환을 시작하기 전에 모두가 만족하는 원칙인지 확실히 해 둬야 합니다.

한눈에 보는 지식
28 군인들과 무기

신왕국 시대에는 군인이 직업으로 자리잡았습니다. 다섯 살밖에 안 된 소년들이 직업 군인이 되기 위해 군대에 보내지기도 했습니다. 하지만 그들은 만 스무 살이 되기 전에는 전쟁터에 나가지 않아도 됐습니다. 한편 어른이 되어 입대하는 사람들도 있었습니다.

파라오는 군대를 이끄는 수장으로, 상이집트와 하이집트를 지키는 장군 둘을 거느렸습니다. 각 군대는 해군, 전차 부대, 보병 부대로 이루어져 있었습니다.

전차 부대는 전차를 이끌고 전쟁터로 나갔습니다. 날쌘 말 두 마리가 한 대의 전차를 끌었지요. 한 병사가 전차 위에서 화살을 쏘는 동안 다른 병사는 전차를 몰았습니다. 대부분의 병사들은 보병이었습니다. 보병들에게 가장 중요한 무기는 활이었습니다. 이집트인들은 180미터 이상 떨어진 곳까지 화살을 쏠 수 있었답니다. 또한 보병들은 도끼, 단검, 검을 들고 직접 적들과 맞붙어 피 튀기는 싸움을 했습니다.

전쟁을 하지 않는 동안, 군인들은 여러 가지 일을 했습니다. 그들은 씨를 뿌리고 작물을 수확하는 농사일을 했고, 피라미드, 궁전, 신전을 짓는 일을 도왔습니다.

한줄요약
군인들은 전쟁 때는 적들과 싸웠고, 전쟁을 하지 않을 때는 여러 가지 일을 했습니다.

군인들의 훈련법
이집트의 군인들은 무거운 모래주머니를 들어올리면서 근육을 강하게 키웠답니다. 그들은 칼, 창, 몽둥이를 사용해 싸우는 법을 배웠고, 다른 훈련병과 맞붙어 몸싸움을 연습했습니다.

고대 이집트의 군대는 보병과 전차병, 그리고 해군으로 나뉘어 있었다.

보병은 주로 도끼, 단검, 검을 들고 적과 맞붙어 싸웠다. 운이 좋은 경우에만 몸을 보호할 수 있는 방패를 받았다.

빠르게 움직이는 전차에서 쏘는 화살은 적에게 매우 치명적이었다.

해군은 활을 쏘아 적군의 배를 공격했다.

한눈에 보는 지식
29 전쟁

고대 이집트는 전쟁이 많은 나라가 아니었습니다. 다른 나라가 사막을 건너 이집트로 쳐들어 오기 어려웠기 때문입니다.

기원전 17세기에 서아시아에서 건너온 힉소스 사람들이 이집트를 점령했습니다. 힉소스 사람들은 말이 끄는 전차와 청동 무기를 가지고 있었습니다. 이집트 사람들은 힉소스 사람들에게 전차를 만들고 다루는 기술, 청동 무기와 농기구를 만드는 법 등을 배웠습니다. 결국 100년 뒤에 힉소스 사람들을 이집트에서 몰아냈습니다.

이집트도 종종 전쟁을 일으켰습니다. 기원전 1457년경 투트모세 3세는 시리아와 가까운 메기도에서 가나안 사람들을 공격했습니다. 이집트는 메기도 전투에서 승리해 가나안을 정복했습니다.

기원전 1275년 무렵, 람세스 2세는 카데시에서 히타이트 왕국과 맞붙었습니다. 이집트와 히타이트는 무려 15년이나 싸웠습니다. 이집트와 히타이트는 모두 자기네가 이겼다며 주장했지만, 사실상 무승부나 마찬가지였습니다.

기습 공격

투트모세 3세는 이집트를 서아시아에서 가장 크고 강한 나라를 만들었습니다. 서아시아에 있던 모든 나라가 이집트에 충성을 맹세할 정도였지요. 투트모세 3세는 전략이 매우 뛰어나서, 이집트에 전해지는 이야기가 있을 정도입니다.
어느 날, 투트모세 3세의 부하인 제후티 장군이 조파(지금의 자파)의 왕자를 초대했습니다. 왕자가 도착하자 제후티 장군은 왕자를 때려눕혔습니다. 그러고는 이집트의 병사 200명을 자루 속에 숨기고, 조파로 보냈습니다. 이집트가 항복했으며, 조파에 선물을 보내겠다고요. 하지만 그 '선물'은 바로 제후티 장군의 병사들이었답니다! 조파에 들어서자마자 병사들은 자루에서 뛰쳐나와 도시를 점령했습니다.

한줄요약
고대 이집트는 힉소스, 가나안, 히타이트 등과 전쟁을 벌였습니다.

한눈에 보는 지식
30 이집트 문명의 멸망

기원전 332년, 젊고 야심찬 그리스의 통치자인 알렉산드로스 대왕이 이집트를 점령했습니다. 알렉산드로스가 세상을 떠난 뒤, 그의 부하였던 프톨레마이오스 장군이 이집트의 파라오가 됐습니다. 비록 그리스 사람이 이집트를 통치했지만 이집트의 종교와 문화는 계속 이어졌습니다.

프톨레마이오스 왕조는 약 300년 동안 이집트를 통치했습니다. 기원전 51년, 클레오파트라가 이집트의 파라오가 됐습니다. 이 무렵 로마 제국이 사방으로 세력을 뻗치고 있었고, 로마의 통치자들은 이집트를 차지하려고 눈독을 들이고 있었습니다. 땅이 비옥했고 자원이 풍부했으니까요. 기원전 30년에 클레오파트라가 죽자, 이집트는 로마 제국의 식민지가 됐습니다.

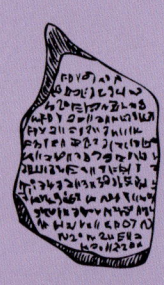

그 후, 고대 이집트의 종교는 쇠퇴하기 시작했고, 기독교가 뿌리를 내렸습니다. 이집트 사람들은 더 이상 상형 문자로 글씨를 쓰지 않았고, 이집트의 언어는 그리스어와 비슷해졌습니다. 아라비아가 침략한 640년 이후로는 이집트의 언어마저도 사라졌습니다. 사람들은 고대 이집트를 기억하고는 있었지만, 자세한 내용은 모두 잊혀지고 말았습니다.

로제타석
고대 이집트가 멸망한 뒤, 사람들은 상형 문자 읽는 법을 잊어버렸습니다. 그러다가 1799년에 글이 쓰인 고대 이집트의 돌 조각이 발견되었습니다. 처음에는 아무도 그 글의 의미를 알지 못했지만, 결국에는 학자들이 그 글을 해독하는 데 성공했습니다. 로제타석에 씌여진 글이 이집트의 상형 문자, 상형 문자의 흘림체인 민용 문자, 그리스 문자로 적혀 있었던 덕분입니다. 마침내 학자들은 이집트 상형 문자를 번역할 수 있게 되었고, 우리는 위대한 고대 이집트 문명에 대해 많은 것을 알 수 있게 되었습니다.

한줄요약
기원전 30년에 이집트는 로마 제국의 식민지가 됐고, 고대 이집트의 문화는 사라졌습니다.

지식 플러스
이집트의 신들

이집트 사람들은 여러 신을 섬겼습니다. 신의 모습도 가지가지였습니다. 사람과 똑같이 생긴 신도 있었고, 동물의 모습을 한 신도 있었습니다.

라

이집트의 태양신으로 고대 이집트의 종교에서 가장 중요한 신이다. 원래는 정오의 태양을 상징했다. 이집트인들은 라가 하늘, 땅, 지하 세계는 물론 모든 생명을 창조한 신이며, 인간은 라의 땀과 눈물로 만들어졌다고 믿었다. 라는 호루스와 마찬가지로 매의 모습을 하고 있으며, 호루스와 합쳐져 '라-호라크티'로 불리기도 했다. 신왕국 시대에는 테베의 신 아문이 부상하자 '아문-라'로도 불렸다.

오시리스

지하 세계의 왕이자 죽은 자의 심판관, 또한 다산과 농업의 신으로서, 이시스의 남편이었고, 몸은 녹색이다. 오시리스 숭배 축제에서는 '오시리스 정원'에 나일강의 물을 주고 약초 씨를 뿌렸다. 움트는 씨앗은 오시리스의 강인한 생명력을 상징한다. 흔히 머리에 두 개의 깃털이 달린 장식을 쓰고, 양손에 갈고리와 도리깨를 든 미라나 벽화로 남아 있다. 훗날 이집트 토착 문화와 그리스·로마 문화가 혼합되면서 그리스 신화의 디오니소스와 겹쳐졌다.

하토르

사랑과 기쁨의 여신으로, 태양신 라의 딸이자 하늘의 신 호루스의 아내다. 사랑, 기쁨, 다산, 음악, 춤, 모성을 상징한다. 라의 눈으로서 적을 감시하는 역할을 하기에 무자비하지만 만물과 파라오들을 보살피는 따뜻한 모습도 있다. 하토르는 화가 머리끝까지 나면 포악한 '세크메트'로 변신했는데, 암소나 암사자가 되어 적의 피를 빨았다고 한다. 주로 소의 뿔과 붉은 태양으로 된 머리 장식을 한 모습으로 나타난다. 고대 그리스 사람들은 하토르를 그리스 신화의 아프로디테와 같은 신으로 여겼다.

호루스

왕권과 하늘을 상징하는 신으로서, 고대 이집트에서 가장 중요한 신들 가운데 하나다. 오시리스와 이시스의 아들이며, 하토르의 남편이다. 파라오들은 자신이 호루스의 화신이라고 생각했고, 여러 왕명 가운데 호루스라는 이름을 가장 먼저 썼다. 호루스는 매나, 매의 머리를 한 남성으로 표현되는데, 매가 머리에 이고 있는 세레크(궁정 모양의 틀)에 호루스명이 기록됐다.

타와레트

여자가 아기를 낳을 때 산모와 신생아를 보호하는 신으로, 분만과 다산, 별의 여신이다. 악의 신인 아펩의 부인이다. 이집트 고왕국 시대 초기에 신앙이 시작된 타와렛은 하마 머리를 하고 사자의 팔다리를 가진 괴수의 형상이지만 '자비로운 여신'으로 알려져 있다.

지식 플러스
이집트의 신들

바스테트
다산과 풍요의 여신으로 고양이의 모습을 하고 있다. 중기 왕국까지는 죽은 자들을 맹수로부터 보호하는 여신이었지만, 나중에는 이집트 전체를 수호하는 여신으로 자리 잡았다. 당시 고양이는 쥐로부터 농작물을 지켜 주는 고마운 동물로 여겨졌다.

아누비스
저승으로 향하는 문을 열어 죽은 자를 오시리스의 법정으로 인도하고, 죽은 자의 심장을 저울에 달아 살아 생전의 행위를 판정하는 역할을 맡았다. 검은 표범이나 개의 머리에 피부가 검은 남자, 자칼의 머리를 한 남자의 모습으로 표현됐다.

토트
지혜와 정의의 신. 원래는 달의 신으로, 달력의 계산을 주관하는 신으로 여겨졌으나, 나중에는 지식과 지혜를 탄생시킨 학문의 신이 되었다. 또한 언어와 글을 발명해 서기와 통역의 신으로도 불렸다. 모습은 흔히 사람의 몸과 성스러운 새 이비스(따오기와 유사)의 머리를 가진 서기관으로 표현되었다.

하피

해마다 찾아오는 나일강의 범람을 상징하는 신. 이집트인들은 나일 강이 범람해야만 땅이 비옥해져 풍작을 기대할 수 있었다. 하피는 피부가 녹색이나 파란색으로 표현됐고, 다산을 상징하는 불룩한 배, 늘어진 가슴과 함께 가짜 턱수염을 단 양성의 신으로 나타났다. 19대 왕조부터 하피는 두 명의 형상으로 나타나기 시작했다.

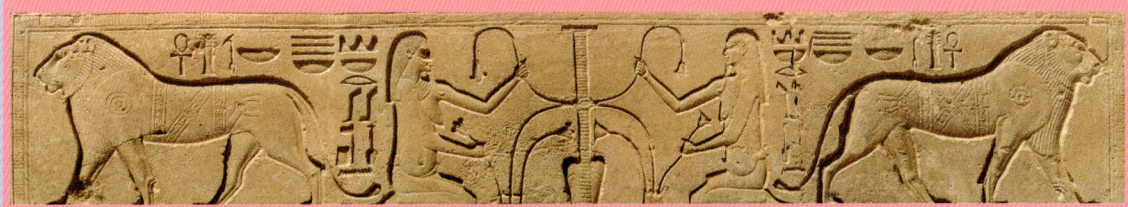

누트

하늘, 우주, 별, 하늘, 천문학의 신. 이집트인들은 누트가 하루의 끝자락에 태양신 라를 먹고 이튿날이 시작할 때 다시 낳는다고 믿었다. 지구를 굽어보고 있는, 별들로 뒤덮인 모습이거나 머리에 물동이를 이고 있는 여자의 모습으로 나타난다.

정답

64쪽 ① 하토르 ② 누트 ③ 토트 ④ 하피

74쪽 바빌론의 공중정원, 올림피아의 제우스 상, 에페수스의 아르테미스 신전, 할리카르나소스의 마우솔레움, 로도스의 거상, 파로스섬의 등대

초등학생을 위한 지식습관⑫

고대 이집트30

글 | 캐스 센커 그림 | 멜빈 에반스
옮김 | 신인수 감수 | 조한욱

1판 1쇄 발행 | 2022년 11월 25일
1판 2쇄 발행 | 2024년 1월 8일

펴낸이 | 김영곤
이사 | 은지영
논픽션2팀 | 김종민 신지예
아동마케팅영업본부장 | 변유경
아동마케팅1팀 | 김영남 정성은 손용우 최윤아 송혜수
아동영업팀 | 강경남 오은희 황성진 김규희 양슬기
편집 | 꿈틀 이정아 이정화 **북디자인** | design S 손성희 **제작 관리** | 이영민 권경민

펴낸곳 | (주)북이십일 아울북
등록번호 | 제406-2003-061호 **등록일자** | 2000년 5월 6일
주소 | 경기도 파주시 회동길 201(문발동) (우 10881)
전화 | 031-955-2128(기획개발), 031-955-2100(마케팅·영업·독자문의)
팩시밀리 | 031-955-2421
브랜드 사업 문의 | license21@book21.co.kr
이미지 | 셔터스톡 92, 93, 94, 95, 위키미디어공용 95

ISBN 978-89-509-4256-4
ISBN 978-89-509-0007-6 74370(세트)

Ancient Egypt in 30 Seconds
Text: Cath Senker, Illustrations: Melvyn Evans
Copyright ⓒ 2015 Quarto Publishing plc
First published in the UK in 2015 by Ivy Kids, an imprint of The Quarto Group.
All rights reserved.

Korean translation ⓒ 2022, Book21
This edition is published by arrangement with Quarto Publishing plc through KidsMind Agency, Korea.
이 책의 한국어판 저작권은 키즈마인드 에이전시를 통해 Quarto Publishing plc와 독점 계약한 북이십일에 있습니다.
신 저작권법에 의해 한국 내에서 보호를 받는 저작물이므로 무단전재와 복제를 금합니다.

· 잘못 만들어진 책은 **구입하신 서점**에서 교환해 드립니다.

· 제조자명: (주)북이십일
· 주소 및 전화번호: 경기도 파주시 회동길 201(문발동) / 031-955-2100
· 제조연월: 2024. 1. 8.
· 제조국명: 대한민국
· 사용연령: 3세 이상 어린이 제품

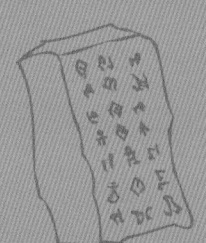

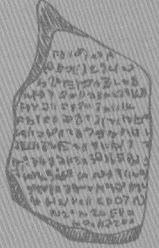